Jean de La Bruyère

Les Caractères
(De la cour *et* Des grands)

Dossier et notes réalisés par
Guillaume Peureux

Lecture d'image par
Alain Jaubert

folioplus
classiques

Guillaume Peureux est maître de conférences à l'université de Rennes-II, spécialiste de la littérature du XVIIe siècle en France. Il a publié divers ouvrages, éditions et articles sur le domaine.

Alain Jaubert est écrivain et réalisateur. Après avoir été enseignant dans des écoles d'art et journaliste, il est devenu aussi documentariste. Il est l'auteur de nombreux portraits d'écrivains ou de peintres contemporains pour la télévision. Il est également l'auteur-réalisateur de *Palettes,* une série de films diffusée depuis 1990 sur la chaîne Arte et consacrée à la lecture de grands tableaux de l'histoire de la peinture.

Sommaire

Les Caractères

Le texte qui a été adopté pour cette édition est celui de l'édition de 1696. Les chiffres arabes indiquent le numéro de chaque caractère. Nous avons jugé utile d'indiquer par un chiffre romain entre parenthèses l'édition où chaque caractère (ou partie de caractère) a paru pour la première fois. Lorsqu'un caractère ou une remarque réunit des apports de plusieurs éditions, le chiffre romain entre parenthèses placé au début du paragraphe indique l'édition où celui-ci apparaît pour la première fois. Il ne nous a pas paru nécessaire de reproduire les variantes, d'ailleurs peu nombreuses, qui s'observent d'une édition à l'autre.

(I) Je rends au public ce qu'il m'a prêté; j'ai emprunté de lui la matière de cet ouvrage: il est juste que, l'ayant achevé avec toute l'attention pour la vérité dont je suis capable, et qu'il mérite de moi, je lui en fasse la restitution. Il peut regarder avec loisir ce portrait que j'ai fait de lui d'après nature, et s'il se connaît quelques-uns des défauts que je touche, s'en corriger. (IV) C'est l'unique fin que l'on doit se proposer en écrivant, et le succès aussi que l'on doit moins se promettre; mais comme les hommes ne se dégoûtent point du vice, il ne faut pas aussi se lasser de leur reprocher: ils seraient peut-être pires, s'ils venaient à manquer de censeurs ou de critiques; c'est ce qui fait que l'on prêche et que l'on écrit. L'orateur et l'écrivain ne sauraient vaincre la joie qu'ils ont d'être applaudis; mais ils devraient rougir d'eux-mêmes s'ils n'avaient cherché par leurs discours ou par leurs écrits que des éloges; outre que l'approbation la plus sûre et la moins équivoque est le changement de mœurs et la réformation de ceux qui les lisent ou qui les écoutent. On ne doit parler, on ne doit écrire que pour l'instruction; et s'il arrive que l'on plaise, il ne faut pas néanmoins s'en repentir, si cela sert à insinuer et à faire recevoir les vérités qui doivent instruire. Quand donc il s'est glissé dans un livre quelques pensées ou quelques réflexions qui n'ont ni le feu, ni le tour, ni la vivacité des autres, bien qu'elles semblent y être admises pour la variété, pour délasser l'esprit, pour le rendre plus présent et plus attentif à ce qui va suivre, à moins que d'ailleurs elles ne soient sensibles, familières, instructives, accommodées au simple peuple, qu'il n'est pas permis de négliger, le lecteur peut les condamner, et l'auteur les doit proscrire : voilà la règle. Il y en a une autre, et que j'ai intérêt que l'on veuille suivre, qui est de ne pas perdre mon titre de vue, et de penser toujours, et dans toute la lecture de cet ouvrage, que ce sont les caractères ou les mœurs de ce siècle que je décris ; (VIII) car bien que je les tire souvent de la cour de France et des hommes de ma nation, on ne peut pas néanmoins les restreindre à une seule cour, ni les renfermer en un seul pays, sans que mon livre ne perde beaucoup de son étendue et de son utilité, ne s'écarte du plan que je me suis fait d'y peindre les hommes en général, comme des raisons qui entrent dans l'ordre des chapitres et dans une certaine suite insensible des réflexions qui les composent. (IV) Après cette précaution si nécessaire, et dont on pénètre assez les conséquences, je crois pouvoir protester contre tout chagrin, toute plainte, toute maligne interprétation, toute fausse application et toute censure, contre les froids plaisants et les lecteurs mal intentionnés : (V) il faut savoir lire, et ensuite se taire, ou pouvoir rapporter ce qu'on a lu, et ni plus ni moins que ce qu'on a lu ; et si on le peut quelquefois, ce n'est pas assez, il faut encore le vouloir faire : sans ces conditions, qu'un auteur exact et scrupuleux est en droit d'exiger de certains esprits pour l'unique récompense de son travail, je doute qu'il doive continuer d'écrire, s'il préfère du moins sa propre satisfaction à l'utilité de plusieurs et au zèle de la vérité. J'avoue d'ailleurs que j'ai balancé dès l'année M.DC.LXXXX, et avant la cinquième édition, entre l'impatience de donner à mon livre plus de rondeur et une meilleure forme par de nouveaux caractères, et la crainte de faire dire à quelques-uns : « Ne finiront-ils point, ces *Caractères*, et ne verrons-nous jamais autre chose de cet écrivain ? » Des gens sages me disaient d'une part : « La matière est solide, utile, agréable, inépuisable ; vivez longtemps, et traitez-la sans interruption pendant que vous vivrez : que pourriez-vous faire de mieux ? il n'y a point d'année que les folies des hommes ne puissent vous fournir un volume. » D'autres, avec beaucoup de raison, me faisaient redouter les caprices de la multitude et la légèreté du public, de qui j'ai néanmoins de si grands sujets d'être content, et ne manquaient pas de me suggérer que personne presque depuis trente années ne lisant plus que pour lire, il fallait aux hommes, pour les amuser, de nouveaux chapitres et un nouveau titre ; que cette indolence avait rempli les boutiques et peuplé le monde, depuis tout ce temps, de livres froids et ennuyeux, d'un mauvais style et de nulle ressource, sans règles et sans la moindre justesse, contraires aux mœurs et aux bienséances, écrits avec précipitation, et lus de même, seulement par leur nouveauté ; et que si je ne savais qu'augmenter un livre raisonnable, le mieux que je pouvais faire était de me reposer. Je pris alors quelque chose de ces deux avis si opposés, et je gardai un tempérament qui les rapprochait : je ne feignis point d'ajouter quelques nouvelles remarques à celles qui avaient déjà grossi du double la première édition de mon ouvrage ; mais afin que le public ne fût point obligé de parcourir ce qui était ancien pour passer à ce qu'il y avait de nouveau, et qu'il trouvât sous ses yeux ce qu'il avait seulement envie de lire, je pris soin de lui désigner cette seconde augmentation par une marque particulière ; je crus aussi qu'il ne serait pas inutile de lui distinguer la première augmentation par une autre plus simple, qui servît à lui montrer le progrès de mes *Caractères*, et à aider son choix dans la lecture qu'il en voudrait faire ; et comme il pouvait craindre que ce progrès n'allât à l'infini, j'ajoutais à toutes ces exactitudes une promesse sincère de ne plus rien hasarder en ce genre. (VI) Que si quelqu'un m'accuse d'avoir manqué à ma parole, en insérant dans les trois éditions qui ont suivi un assez grand nombre de nouvelles remarques, il verra du moins qu'en les confondant avec les anciennes par la suppression entière de ces différences qui se voient par apostille, j'ai moins pensé à lui faire lire rien de nouveau qu'à laisser peut-être un ouvrage de mœurs plus complet, plus fini, et plus régulier, à la postérité. (I) Ce ne sont point au reste des maximes que j'aie voulu écrire : elles sont comme des lois dans la morale, et j'avoue que je n'ai ni assez d'autorité ni assez de génie pour faire le législateur ; je sais même que j'aurais péché contre l'usage des maximes, qui veut qu'à la manière des oracles elles soient courtes et concises. Quelques-unes de ces remarques le sont, quelques autres sont plus étendues : on pense les choses d'une manière différente, et on les explique par un tour aussi tout différent, par une sentence, par un raisonnement, par une métaphore ou quelque autre figure, par un parallèle, par une simple comparaison, par un fait tout entier, par un seul trait, par une description, par une peinture : de là procède la longueur ou la brièveté de mes réflexions. Ceux enfin qui font des maximes veulent être crus : je consens, au contraire, que l'on dise de moi que je n'ai pas quelquefois bien remarqué, pourvu que l'on remarque mieux.

De la cour

1 (I) Le reproche en un sens le plus honorable que l'on puisse faire à un homme, c'est de lui dire qu'il ne sait pas la cour : il n'y a sorte de vertus qu'on ne rassemble en lui par ce seul mot.

2 (I) Un homme qui sait la cour est maître de son geste, de ses yeux et de son visage ; il est profond, impénétrable ; il dissimule les mauvais offices, sourit à ses ennemis, contraint son humeur, déguise ses passions, dément son cœur, parle, agit contre ses sentiments. Tout ce grand raffinement n'est qu'un vice, que l'on appelle fausseté, quelquefois aussi inutile au courtisan pour sa fortune, que la franchise, la sincérité et la vertu.

3 (IV) Qui peut nommer de certaines couleurs changeantes, et qui sont diverses selon les divers jours dont on les regarde ? de même, qui peut définir la cour ?

4 (IV) Se dérober à la cour un seul moment, c'est y renoncer : le courtisan qui l'a vue le matin la voit le

soir pour la reconnaître le lendemain, ou afin que lui-même y soit connu.

5 (IV) L'on est petit à la cour, et quelque vanité que l'on ait, on s'y trouve tel ; mais le mal est commun, et les grands mêmes y sont petits.

6 (I) La province est l'endroit d'où la cour, comme dans son point de vue, paraît une chose admirable : si l'on s'en approche, ses agréments diminuent, comme ceux d'une perspective que l'on voit de trop près.

7 (I) L'on s'accoutume difficilement à une vie qui se passe dans une antichambre, dans des cours, ou sur l'escalier.

8 (VII) La cour ne rend pas content ; elle empêche qu'on ne le soit ailleurs.

9 (I) Il faut qu'un honnête homme ait tâté de la cour : il découvre en y entrant comme un nouveau monde qui lui était inconnu, où il voit régner également le vice et la politesse, et où tout lui est utile, le bon et le mauvais.

10 (VI) La cour est comme un édifice bâti de marbre : je veux dire qu'elle est composée d'hommes fort durs, mais fort polis.

11 (I) L'on va quelquefois à la cour pour en revenir, et se faire par là respecter du noble de sa province, ou de son diocésain.

12 (1) Le brodeur et le confiseur seraient superflus, et ne feraient qu'une montre[1] inutile, si l'on était modeste et sobre : les cours seraient désertes, et les rois presque seuls, si l'on était guéri de la vanité et de l'intérêt. Les hommes veulent être esclaves quelque part, et puiser là de quoi dominer ailleurs. Il semble qu'on livre en gros aux premiers de la cour l'air de hauteur, de fierté et de commandement, afin qu'ils le distribuent en détail dans les provinces : ils font précisément comme on leur fait, vrais singes de la royauté.

13 (1) Il n'y a rien qui enlaidisse certains courtisans comme la présence du prince : à peine les puis-je reconnaître à leurs visages ; leurs traits sont altérés et leur contenance est avilie. Les gens fiers et superbes[2] sont les plus défaits, car ils perdent plus du leur ; celui qui est honnête et modeste s'y soutient mieux : il n'a rien à réformer.

14 (1) L'air de cour est contagieux : il se prend à V**[3], comme l'accent normand à Rouen ou à Falaise ; on l'entrevoit en des fourriers[4], en de petits contrôleurs[5], et en des chefs de fruiterie[6] : l'on peut avec une portée d'esprit fort médiocre y faire de

---

1. Exhibition, exposition de marchandises.
2. Orgueilleux.
3. Versailles.
4. Officier chargé de préparer l'accueil dans les endroits où séjourne le roi lorsqu'il voyage.
5. Officier chargé de vérifications et contrôles divers.
6. Personne chargée de préparer les fruits sur la table d'un grand.

grands progrès. Un homme d'un génie élevé et d'un
mérite solide ne fait pas assez de cas de cette espèce
de talent pour faire son capital de l'étudier et se le
rendre propre ; il l'acquiert sans réflexion, et il ne
pense point à s'en défaire.

15 (IV) N** arrive avec grand bruit ; il écarte le
monde, se fait faire place ; il gratte, il heurte presque ;
il se nomme : on respire, et il n'entre qu'avec la foule.

16 (I) Il y a dans les cours des apparitions de gens
aventuriers et hardis, d'un caractère libre et familier,
qui se produisent eux-mêmes, protestent qu'ils ont
dans leur art toute l'habileté qui manque aux autres,
et qui sont crus sur leur parole. Ils profitent cependant de l'erreur publique, ou de l'amour qu'ont les
hommes pour la nouveauté : ils percent la foule, et
parviennent jusqu'à l'oreille du prince, à qui le courtisan les voit parler, pendant qu'il se trouve heureux
d'en être vu. Ils ont cela de commode pour les grands
qu'ils en sont soufferts sans conséquence, et congédiés
de même : alors ils disparaissent tout à la fois riches
et décrédités, et le monde qu'ils viennent de tromper
est encore prêt d'être trompé par d'autres.

17 (IV) Vous voyez des gens qui entrent sans saluer
que légèrement, qui marchent des épaules, et qui se
rengorgent comme une femme : ils vous interrogent
sans vous regarder ; ils parlent d'un ton élevé, et qui
marque qu'ils se sentent au-dessus de ceux qui se
trouvent présents ; ils s'arrêtent, et on les entoure ; ils
ont la parole, président au cercle, et persistent dans

cette hauteur ridicule et contrefaite, jusqu'à ce qu'il
survienne un grand, qui, la faisant tomber tout d'un
coup par sa présence, les réduise à leur naturel, qui
est moins mauvais.

18 (IV) Les cours ne sauraient se passer d'une certaine espèce de courtisans, hommes flatteurs, com-
plaisants, insinuants, dévoués aux femmes, dont ils
ménagent[1] les plaisirs, étudient les faibles et flattent
toutes les passions : ils leur soufflent à l'oreille des
grossièretés, leur parlent de leurs maris et de leurs
amants dans les termes convenables, devinent leurs
chagrins, leurs maladies, et fixent leurs couches[2] ; ils
font les modes, raffinent sur le luxe et sur la dépense,
et apprennent à ce sexe de prompts moyens de
consumer de grandes sommes en habits, en meubles
et en équipages[3] ; ils ont eux-mêmes des habits où
brillent l'invention et la richesse, et ils n'habitent d'anciens palais qu'après les avoir renouvelés et embellis ;
ils mangent délicatement et avec réflexion ; il n'y a
sorte de volupté qu'ils n'essayent, et dont ils ne puissent rendre compte. Ils doivent à eux-mêmes leur fortune, et ils la soutiennent avec la même adresse qu'ils
l'ont élevée. Dédaigneux et fiers, ils n'abordent
plus leurs pareils, ils ne les saluent plus ; ils parlent où
tous les autres se taisent, entrent, pénètrent en des
endroits et à des heures où les grands n'osent se

---

1. Organisent.
2. Fixent la date de leurs accouchements.
3. Suite de chevaux, voitures, valets, etc., qui accompagnent
un grand.

faire voir : ceux-ci, avec de longs services[1], bien des plaies sur le corps, de beaux emplois ou de grandes dignités, ne montrent pas un visage si assuré, ni une contenance si libre. Ces gens ont l'oreille des plus grands princes, sont de tous leurs plaisirs et de toutes leurs fêtes, ne sortent pas du Louvre ou du Château, où ils marchent et agissent comme chez eux et dans leur domestique[2], semblent se multiplier en mille endroits, et sont toujours les premiers visages qui frappent les nouveaux venus à une cour ; ils embrassent, ils sont embrassés ; ils rient, ils éclatent, ils sont plaisants, ils font des contes : personnes commodes, agréables, riches, qui prêtent, et qui sont sans conséquence.

19 (V) Ne croirait-on pas de *Cimon* et de *Clitandre* qu'ils sont seuls chargés des détails de tout l'État, et que seuls aussi ils en doivent répondre ? L'un a du moins les affaires de terre, et l'autre les maritimes. Qui pourrait les représenter exprimerait l'empressement, l'inquiétude, la curiosité, l'activité, saurait peindre le mouvement. On ne les a jamais vus assis, jamais fixes et arrêtés : qui même les a vus marcher ? on les voit courir, parler en courant, et vous interroger sans attendre de réponse. Ils ne viennent d'aucun endroit, ils ne vont nulle part : ils passent et ils repassent. Ne les retardez pas dans leur course précipitée, vous démonteriez leur machine ; ne leur faites pas de ques-

---

1. Secours et assistance que l'on a apportés, notamment au roi et dans des campagnes militaires.
2. Dans leur maison.

tions, ou donnez-leur du moins le temps de respirer et de se ressouvenir qu'ils n'ont nulle affaire, qu'ils peuvent demeurer avec vous et longtemps, vous suivre même où il vous plaira de les emmener. Ils ne sont pas les *Satellites de Jupiter*, je veux dire ceux qui pressent et qui entourent le prince, mais ils l'annoncent et le précèdent; ils se lancent impétueusement dans la foule des courtisans; tout ce qui se trouve sur leur passage est en péril. Leur profession est d'être vus et revus, et ils ne se couchent jamais sans s'être acquittés d'un emploi si sérieux, et si utile à la république. Ils sont au reste instruits à fond de toutes les nouvelles indifférentes, et ils savent à la cour tout ce que l'on peut y ignorer; il ne leur manque aucun des talents nécessaires pour s'avancer médiocrement. Gens néanmoins éveillés et alertes sur tout ce qu'ils croient leur convenir, un peu entreprenants, légers et précipités. Le dirai-je? ils portent au vent, attelés tous deux au char de la Fortune, et tous deux fort éloignés de s'y voir assis.

20 (IV) Un homme de la cour qui n'a pas un assez beau nom, doit l'ensevelir sous un meilleur; mais s'il l'a tel qu'il ose le porter, il doit alors insinuer qu'il est de tous les noms le plus illustre, comme sa maison[1] de toutes les maisons la plus ancienne: il doit tenir aux PRINCES LORRAINS, aux ROHANS, aux CHASTILLONS, aux MONTMORENCIS, et, s'il se peut, aux PRINCES DU SANG; ne parler que de ducs, de cardinaux et de ministres; faire entrer dans toutes les conversations ses aïeuls pater-

---

1. Famille, en parlant des familles nobles.

nels et maternels, et y trouver place pour l'oriflamme
et pour les croisades ; avoir des salles parées d'arbres
généalogiques, d'écussons chargés de seize quartiers[1],
et de tableaux de ses ancêtres et des alliés[2] de ses
ancêtres ; se piquer d'avoir un ancien château à tou-
relles, à créneaux et à mâchecoulis ; dire en toute rencontre : *ma race, ma branche, mon nom et mes armes* ;
dire de celui-ci qu'il n'est pas homme de qualité ; de
celle-là, qu'elle n'est pas demoiselle[3] ; ou si on lui dit
qu'*Hyacinthe* a eu le gros lot[4], demander s'il est gentilhomme. Quelques-uns riront de ces contre-temps[5],
mais il les laissera rire ; d'autres en feront des contes,
et il leur permettra de conter : il dira toujours qu'il
marche après[6] la maison régnante ; et à force de le
dire, il sera cru.

21 (IV) C'est une grande simplicité que d'apporter
à la cour la moindre roture, et de n'y être pas gentilhomme.

22 (VI) L'on se couche à la cour et l'on se lève sur
l'intérêt ; c'est ce que l'on digère[7] le matin et le soir,
le jour et la nuit ; c'est ce qui fait que l'on pense, que

---

1. Les quartiers sont les différents degrés de descendance
dans une famille noble.
2. Les alliés sont les familles qui sont unies à celle dont on
parle.
3. Terme réservé aux femmes nées de parents nobles, puis
aux bourgeoises, par extension.
4. Louis XIV avait organisé des loteries publiques.
5. Propos inopportuns de l'homme de cour.
6. Sa famille vient immédiatement après la famille royale dans
la hiérarchie de la noblesse française.
7. Ce que l'on élabore après mûre réflexion.

l'on parle, que l'on se tait, que l'on agit; c'est dans cet esprit qu'on aborde les uns et qu'on néglige les autres, que l'on monte et que l'on descend; c'est sur cette règle que l'on mesure ses soins, ses complaisances, son estime, son indifférence, son mépris. Quelques pas que quelques-uns fassent par vertu vers la modération et la sagesse, un premier mobile d'ambition les emmène avec les plus avares, les plus violents dans leurs désirs et les plus ambitieux : quel moyen de demeurer immobile où tout marche, où tout se remue, et de ne pas courir où les autres courent? On croit même être responsable à soi-même de son élévation et de sa fortune : celui qui ne l'a point faite à la cour est censé ne l'avoir pas dû faire, on n'en appelle pas. Cependant s'en éloignera-t-on avant d'en avoir tiré le moindre fruit, ou persistera-t-on à y demeurer sans grâces et sans récompenses? question si épineuse, si embarrassée, et d'une si pénible décision, qu'un nombre infini de courtisans vieillissent sur le oui et sur le non, et meurent dans le doute.

23 (VI) Il n'y a rien à la cour de si méprisable et de si indigne qu'un homme qui ne peut contribuer en rien à notre fortune : je m'étonne qu'il ose se montrer.

24 (IV) Celui qui voit loin derrière soi un homme de son temps et de sa condition, avec qui il est venu à la cour la première fois, s'il croit avoir une raison solide d'être prévenu de son propre mérite et de s'estimer davantage que cet autre qui est demeuré en chemin, ne se souvient plus de ce qu'avant sa faveur

il pensait de soi-même et de ceux qui l'avaient devancé.

25 (I) C'est beaucoup tirer de notre ami, si, ayant monté à une grande faveur, il est encore un homme de notre connaissance.

26 (IV) Si celui qui est en faveur ose s'en prévaloir avant qu'elle lui échappe, s'il se sert d'un bon vent qui souffle pour faire son chemin, s'il a les yeux ouverts sur tout ce qui vaque, poste, abbaye, pour les demander et les obtenir, et qu'il soit muni de pensions, de brevets[1] et de survivances[2], vous lui reprochez son avidité et son ambition ; vous dites que tout le tente, que tout lui est propre, aux siens, à ses créatures, et que par le nombre et la diversité des grâces dont il se trouve comblé, lui seul a fait plusieurs fortunes. Cependant qu'a-t-il dû[3] faire ? Si j'en juge moins par vos discours que par le parti que vous auriez pris vous-même en pareille situation, c'est ce qu'il a fait.

L'on blâme les gens qui font une grande fortune pendant qu'ils en ont les occasions, parce que l'on désespère, par la médiocrité de la sienne, d'être jamais en état de faire comme eux, et de s'attirer ce reproche. Si l'on était à portée de leur succéder, l'on commencerait à sentir qu'ils ont moins de tort, et l'on

---

1. Acte royal par lequel sont accordés un titre, une grâce ou un bénéfice.
2. Privilège accordé par le roi qui consiste à bénéficier d'une charge après la mort de son détenteur, voire avec lui, de son vivant.
3. Comprendre : « Qu'aurait-il dû faire ? »

serait plus retenu, de peur de prononcer d'avance sa condamnation.

27 (IV) Il ne faut rien exagérer, ne dire des cours le mal qui n'y est point : l'on n'y attente rien de pis contre le vrai mérite que de le laisser quelquefois sans récompense ; on ne l'y méprise pas toujours, quand on a pu une fois le discerner ; on l'oublie, et c'est là où l'on sait parfaitement ne faire rien, ou faire très peu de chose, pour ceux que l'on estime beaucoup.

28 (V) Il est difficile à la cour que de toutes les pièces que l'on emploie à l'édifice de sa fortune, il n'y en ait quelqu'une qui porte à faux[1] : l'un de mes amis qui a promis de parler ne parle point ; l'autre parle mollement ; il échappe à un troisième de parler contre mes intérêts et contre ses intentions ; à celui-là manque la bonne volonté, à celui-ci l'habileté et la prudence ; tous n'ont pas assez de plaisir à me voir heureux pour contribuer de tout leur pouvoir à me rendre tel. Chacun se souvient assez de tout ce que son établissement lui a coûté à faire, ainsi que des secours qui lui en ont frayé le chemin ; on serait même assez porté à justifier les services qu'on a reçus des uns par ceux qu'en de pareils besoins on rendrait aux autres, si le premier et l'unique soin qu'on a après sa fortune faite n'était pas de songer à soi.

29 (VII) Les courtisans n'emploient pas ce qu'ils ont d'esprit, d'adresse et de finesse pour trouver les

---

1. Qui pèse, qui soit une charge.

expédients[1] d'obliger ceux de leurs amis qui implorent leur secours, mais seulement pour leur trouver des raisons apparentes, de spécieux prétextes, ou ce qu'ils appellent une impossibilité de le pouvoir faire; et ils se persuadent d'être quittes par là en leur endroit de tous les devoirs de l'amitié ou de la reconnaissance.

(VI) Personne à la cour ne veut entamer[2]; on s'offre d'appuyer, parce que, jugeant des autres par soimême, on espère que nul n'entamera, et qu'on sera ainsi dispensé d'appuyer: c'est une manière douce et polie de refuser son crédit, ses offices[3] et sa médiation à qui en a besoin.

30 (I) Combien de gens vous étouffent de caresses dans le particulier, vous aiment et vous estiment, qui sont embarrassés de vous dans le public, et qui, au lever ou à la messe, évitent vos yeux et votre rencontre! Il n'y a qu'un petit nombre de courtisans qui, par grandeur, ou par une confiance qu'ils ont d'euxmêmes, osent honorer devant le monde le mérite qui est seul et dénué de grands établissements.

31 (IV) Je vois un homme entouré et suivi; mais il est en place. J'en vois un autre que tout le monde aborde; mais il est en faveur. Celui-ci est embrassé et caressé, même des grands; mais il est riche. Celui-là est regardé de tous avec curiosité, on le montre du

___

1. Moyens que l'on trouve pour se sortir d'une situation délicate.
2. Faire la première démarche.
3. Services.

doigt; mais il est savant et éloquent. J'en découvre un
que personne n'oublie de saluer; mais il est méchant.
Je veux un homme qui soit bon, qui ne soit rien davantage, et qui soit recherché.

32 (V) Vient-on de placer quelqu'un dans un nouveau poste, c'est un débordement de louanges en sa
faveur, qui inonde les cours et la chapelle, qui gagne
l'escalier, les salles, la galerie, tout l'appartement[1] : on
en a au-dessus des yeux, on n'y tient pas. Il n'y a pas
deux voix différentes sur ce personnage; l'envie, la
jalousie parlent comme l'adulation; tous se laissent
entraîner au torrent qui les emporte, qui les force de
dire d'un homme ce qu'ils en pensent ou ce qu'ils n'en
pensent pas, comme de louer souvent celui qu'ils ne
connaissent point. L'homme d'esprit, de mérite ou de
valeur devient en un instant un génie du premier
ordre, un héros, un demi-dieu. Il est si prodigieuse-
ment flatté dans toutes les peintures que l'on fait de
lui, qu'il paraît difforme près de ses portraits; il lui est
impossible d'arriver jamais jusqu'où la bassesse et
la complaisance viennent de le porter : il rougit de sa
propre réputation. Commence-t-il à chanceler dans
ce poste où on l'avait mis, tout le monde passe faci-
lement à un autre avis; en est-il entièrement déchu,
les machines qui l'avaient guindé[2] si haut par l'applau-
dissement et les éloges sont encore toutes dressées
pour le faire tomber dans le dernier mépris : je veux
dire qu'il n'y en a point qui le dédaignent mieux, qui

---

1. L'appartement du roi.
2. Porté.

le blâment plus aigrement, et qui en disent plus de mal, que ceux qui s'étaient comme dévoués à la fureur d'en dire du bien.

33 (VII) Je crois pouvoir dire d'un poste éminent et délicat qu'on y monte plus aisément qu'on ne s'y conserve.

34 (VII) L'on voit des hommes tomber d'une haute fortune par les mêmes défauts qui les y avaient fait monter.

35 (VIII) Il y a dans les cours deux manières de ce que l'on appelle congédier son monde ou se défaire des gens : se fâcher contre eux, ou faire si bien qu'ils se fâchent contre vous et s'en dégoûtent.

36 (IV) L'on dit à la cour du bien de quelqu'un pour deux raisons : la première, afin qu'il apprenne que nous disons du bien de lui ; la seconde, afin qu'il en dise de nous.

37 (I) Il est aussi dangereux à la cour de faire les avances, qu'il est embarrassant de ne les point faire.

38 (I) Il y a des gens à qui ne connaître point le nom et le visage d'un homme est un titre pour en rire et le mépriser. Ils demandent qui est cet homme ; ce n'est ni *Rousseau*, ni un *Fabry**, ni *la Couture* [1] ; ils ne pourraient le méconnaître.

---

* Brûlé il y a vingt ans. (Note de La Bruyère.)
1. Rousseau était un cabaretier réputé qui accueillait des

39 (1) L'on me dit tant de mal de cet homme, et j'y en vois si peu, que je commence à soupçonner qu'il n'ait un mérite importun qui éteigne celui des autres.

40 (1) Vous êtes homme de bien, vous ne songez ni à plaire ni à déplaire aux favoris, uniquement attaché à votre maître et à votre devoir : vous êtes perdu.

41 (IV) On n'est point effronté par choix, mais par complexion[1] ; c'est un vice de l'être, mais naturel : celui qui n'est pas né tel est modeste, et ne passe pas aisément de cette extrémité à l'autre ; c'est une leçon assez inutile que de lui dire : « Soyez effronté, et vous réussirez » ; une mauvaise imitation ne lui profiterait pas, et le ferait échouer. Il ne faut rien de moins dans les cours qu'une vraie et naïve impudence pour réussir.

42 (IV) On cherche, on s'empresse, on brigue, on se tourmente, on demande, on est refusé, on demande et on obtient ; « mais, dit-on, sans l'avoir demandé, et dans le temps que l'on n'y pensait pas, et que l'on songeait même à toute autre chose » : vieux style, menterie innocente, et qui ne trompe personne.

43 (V) On fait sa brigue pour parvenir à un grand poste, on prépare toutes ses machines, toutes les

___

hommes de lettres et des courtisans. Fabry (Jacques Plannié, dit) qui fut brûlé en place de Grève fréquentait des personnes de qualité. Couture était un tailleur devenu fou, célèbre dans les milieux mondains et réputé pour ses propos déments.
1. Caractère, tempérament.

mesures sont bien prises, et l'on doit être servi selon ses souhaits ; les uns doivent entamer, les autres appuyer ; l'amorce est déjà conduite, et la mine [1] prête à jouer : alors on s'éloigne de la cour. Qui oserait soupçonner d'*Artémon* qu'il ait pensé à se mettre dans une si belle place, lorsqu'on le tire de sa terre ou de son gouvernement pour l'y faire asseoir ? Artifice grossier, finesses usées, et dont le courtisan s'est servi tant de fois, que, si je voulais donner le change à tout le public et lui dérober mon ambition : je me trouverais sous l'œil et sous la main du prince, pour recevoir de lui la grâce que j'aurais recherchée avec le plus d'emportement.

44 (V) Les hommes ne veulent pas que l'on découvre les vues qu'ils ont sur leur fortune, ni que l'on pénètre qu'ils pensent à une telle dignité, parce que, s'ils ne l'obtiennent point, il y a de la honte, se persuadent-ils, à être refusés ; et s'ils y parviennent, il y a plus de gloire pour eux d'en être crus dignes par celui qui la leur accorde, que de s'en juger dignes eux-mêmes par leurs brigues et par leurs cabales : ils se trouvent parés tout à la fois de leur dignité et de leur modestie.

Quelle plus grande honte y a-t-il d'être refusé d'un poste que l'on mérite, ou d'y être placé sans le mériter ?

Quelques grandes difficultés qu'il y ait à se placer à la cour, il est encore plus âpre et plus difficile de se rendre digne d'être placé.

Il coûte moins à faire dire de soi : « Pourquoi a-t-il

---

1. Le visage, mais le corps aussi parfois.

obtenu ce poste ? » qu'à faire demander : « Pourquoi ne l'a-t-il pas obtenu ? »

L'on se présente encore pour les charges de ville[1], l'on postule une place dans l'Académie française, l'on demandait le consulat : quelle moindre raison y aurait-il de travailler les premières années de sa vie à se rendre capable d'un grand emploi, et de demander ensuite, sans nul mystère et sans nulle intrigue, mais ouvertement et avec confiance, d'y servir sa patrie, son prince, la république ?

45 (IV) Je ne vois aucun courtisan à qui le prince vienne d'accorder un bon gouvernement, une place éminente ou une forte pension, qui n'assure par vanité, ou pour marquer son désintéressement, qu'il est bien moins content du don que de la manière dont il lui a été fait. Ce qu'il y a en cela de sûr et d'indubitable, c'est qu'il le dit ainsi.

C'est rusticité que de donner de mauvaise grâce : le plus fort et le plus pénible est de donner ; que coûte-t-il d'y ajouter un sourire ?

Il faut avouer néanmoins qu'il s'est trouvé des hommes qui refusaient plus honnêtement que d'autres ne savaient donner ; qu'on a dit de quelques-uns qu'ils se faisaient si longtemps prier, qu'ils donnaient si sèchement, et chargeaient une grâce qu'on leur arra-chait de conditions si désagréables, qu'une plus grande grâce était d'obtenir d'eux d'être dispensés de rien recevoir.

---

1. Charges exercées par le prévôt, les échevins, les marchands et les conseillers de la ville.

46 (IV) L'on remarque dans les cours des hommes avides qui se revêtent de toutes les conditions pour en avoir les avantages : gouvernement, charge, bénéfice, tout leur convient ; ils se sont si bien ajustés, que par leur état ils deviennent capables de toutes les grâces ; ils sont *amphibies* [1], ils vivent de l'Église et de l'épée, et auront le secret d'y joindre la robe. Si vous demandez : « Que font ces gens à la cour ? » ils reçoivent, et envient tous ceux à qui l'on donne.

47 (VIII) Mille gens à la cour y traînent leur vie à embrasser, serrer et congratuler ceux qui reçoivent, jusqu'à ce qu'ils y meurent sans rien avoir.

48 (VI) *Ménophile* emprunte ses mœurs d'une profession, et d'une autre son habit ; il masque toute l'année, quoique à visage découvert ; il paraît à la cour, à la ville, ailleurs, toujours sous un certain nom et sous le même déguisement. On le reconnaît et on sait quel il est à son visage.

49 (VI) Il y a pour arriver aux dignités ce qu'on appelle ou la grande voie ou le chemin battu ; il y a le chemin détourné ou de traverse, qui est le plus court.

50 (V) L'on court les malheureux pour les envisager [2] ; l'on se range en haie, ou l'on se place aux fenêtres,

---

1. Un laïc pouvait recevoir une charge cléricale, vivre dans deux milieux distincts (comme le milieu aquatique et le milieu terrestre).
2. Comprendre : « On se précipite au-devant des malheureux pour les dévisager. »

pour observer les traits et la contenance d'un homme qui est condamné, et qui sait qu'il va mourir : vaine, maligne, inhumaine curiosité ; si les hommes étaient sages, la place publique serait abandonnée, et il serait établi qu'il y aurait de l'ignominie seulement à voir de tels spectacles. Si vous êtes si touchés de curiosité, exercez-la du moins en un sujet noble : voyez un heureux, contemplez-le dans le jour même où il a été nommé à un nouveau poste, et qu'il en reçoit les compliments ; lisez dans ses yeux, et au travers d'un calme étudié et d'une feinte modestie, combien il est content et pénétré de soi-même ; voyez quelle sérénité cet accomplissement de ses désirs répand dans son cœur et sur son visage, comme il ne songe plus qu'à vivre et à avoir de la santé, comme ensuite sa joie lui échappe et ne peut plus se dissimuler, comme il plie sous le poids de son bonheur, quel air froid et sérieux il conserve pour ceux qui ne sont plus ses égaux : il ne leur répond pas, il ne les voit pas ; les embrassements et les caresses des grands, qu'il ne voit plus de si loin, achèvent de lui nuire ; il se déconcerte, il s'étourdit : c'est une courte aliénation. Vous voulez être heureux, vous désirez des grâces ; que de choses pour vous à éviter !

51 (VI) Un homme qui vient d'être placé ne se sert plus de sa raison et de son esprit pour régler sa conduite et ses dehors à l'égard des autres ; il emprunte sa règle de son poste et de son état : de là l'oubli, la fierté, l'arrogance, la dureté, l'ingratitude.

52 (VIII) *Théonas*, abbé depuis trente ans, se lassait de l'être. On a moins d'ardeur et d'impatience de se voir habillé de pourpre[1], qu'il en avait de porter une croix d'or sur sa poitrine, et parce que les grandes fêtes se passaient toujours sans rien changer à sa fortune, il murmurait contre le temps présent, trouvait l'État mal gouverné, et n'en prédisait rien que de sinistre. Convenant en son cœur que le mérite est dangereux dans les cours à qui veut s'avancer, il avait enfin pris son parti, et renoncé à la prélature, lorsque quelqu'un accourt lui dire qu'il est nommé à un évêché. Rempli de joie et de confiance sur une nouvelle si peu attendue : « Vous verrez, dit-il, que je n'en demeurerai pas là, et qu'ils me feront archevêque. »

53 (I) Il faut des fripons à la cour auprès des grands et des ministres, même les mieux intentionnés ; mais l'usage en est délicat, et il faut savoir les mettre en œuvre. Il y a des temps et des occasions où ils ne peuvent être suppléés par d'autres. Honneur, vertu, conscience, qualités toujours respectables, souvent inutiles : que voulez-vous quelquefois que l'on fasse d'un homme de bien ?

54 (IV) Un vieil auteur[2], et dont j'ose rapporter ici les propres termes, de peur d'en affaiblir le sens par ma traduction, dit que *s'élongner des petits, voire de ses pareils, et iceulx vilainer et dépriser ; s'accointer de grands*

---

1. Le pourpre est la couleur des vêtements des cardinaux.
2. Il s'agit en fait d'un pastiche composé par La Bruyère lui-même.

et puissans en tous biens et chevances, et en cette leur cointise et privauté estre de tous ébats, gabs, mommeries, et vilaines besoignes; estre eshonté, saffranier et sans point de vergogne; endurer brocards et gausseries de tous chacuns, sans pour ce feindre de cheminer en avant, et à tout son entregent, engendre heur et fortune.

55 (IV) Jeunesse du prince, source des belles fortunes.

56 (IV) *Timante*, toujours le même, et sans rien perdre de ce mérite qui lui a attiré la première fois de la réputation et des récompenses, ne laissait pas de dégénérer dans l'esprit des courtisans: ils étaient las de l'estimer; ils le saluaient froidement, ils ne lui souriaient plus, ils commençaient à ne le plus joindre, ils ne l'embrassaient plus, ils ne le tiraient plus à l'écart pour lui parler mystérieusement d'une chose indifférente, ils n'avaient plus rien à lui dire. Il lui fallait cette pension ou ce nouveau poste dont il vient d'être honoré pour faire revivre ses vertus à demi effacées de leur mémoire, et en rafraîchir l'idée: ils lui font comme dans les commencements, et encore mieux.

57 (V) Que d'amis, que de parents naissent en une nuit au nouveau ministre! Les uns font valoir leurs anciennes liaisons, leur société d'études[1], les droits du voisinage; les autres feuillettent leur généalogie, remontent jusqu'à un trisaïeul, rappellent le côté

---

1. Leurs anciennes fréquentations, les gens avec qui ils ont étudié.

paternel et le maternel ; l'on veut tenir à cet homme par quelque endroit, et l'on dit plusieurs fois le jour que l'on y tient ; on l'imprimerait volontiers : *C'est mon ami, et je suis fort aise de son élévation ; j'y dois prendre part, il m'est assez proche.* Hommes vains et dévoués à la fortune, fades courtisans, parliez-vous ainsi il y a huit jours ? Est-il devenu, depuis ce temps, plus homme de bien, plus digne du choix que le prince en vient de faire ? Attendiez-vous cette circonstance pour le mieux connaître ?

58 (V) Ce qui me soutient et me rassure contre les petits dédains que j'essuie quelquefois des grands et de mes égaux, c'est que je me dis à moi-même : « Ces gens n'en veulent peut-être qu'à ma fortune, et ils ont raison : elle est bien petite. Ils m'adoreraient sans doute si j'étais ministre. »

Dois-je bientôt être en place ? le sait-il ? est-ce en lui un pressentiment ? il me prévient, il me salue.

59 (VII) Celui qui dit : *Je dînai hier à Tibur,* ou : *J'y soupe ce soir,* qui le répète, qui fait entrer dix fois le nom de Plancus dans les moindres conversations, qui dit : *Plancus me demandait... Je disais à Plancus...,* celui-là même apprend dans ce moment que son héros vient d'être enlevé par une mort extraordinaire. Il part de la main [1], il rassemble le peuple dans les places ou sous les portiques, accuse le mort, décrie sa conduite, dénigre son consulat, lui ôte jusqu'à la science des détails que la voix publique lui accorde,

---

1. Il part au galop.

ne lui passe point une mémoire heureuse, lui refuse l'éloge d'un homme sévère et laborieux, ne lui fait pas l'honneur de lui croire, parmi les ennemis de l'empire, un ennemi.

60 (VI) Un homme de mérite se donne, je crois, un joli spectacle, lorsque la même place à une assemblée, ou à un spectacle, dont il est refusé, il la voit accordée à un homme qui n'a point d'yeux pour voir, ni d'oreilles pour entendre, ni d'esprit pour connaître et pour juger, qui n'est recommandable que par de certaines livrées, que même il ne porte plus.

61 (VII) *Théodote* avec un habit austère a un visage comique, et d'un homme qui entre sur la scène; sa voix, sa démarche, son geste, son attitude accompagnent son visage. Il est fin, *cauteleux*, doucereux, mystérieux; il s'approche de vous, et il vous dit à l'oreille: *Voilà un beau temps; voilà un grand dégel.* S'il n'a pas les grandes manières, il a du moins toutes les petites, et celles même qui ne conviennent guère qu'à une jeune précieuse. Imaginez-vous l'application d'un enfant à élever un château de carte [1] ou à se saisir d'un papillon: c'est celle de Théodote pour une affaire de rien, et qui ne mérite pas qu'on s'en remue; il la traite sérieusement, et comme quelque chose qui est capital; il agit, il s'empresse, il la fait réussir: le voilà qui respire et qui se repose, et il a raison; elle lui a coûté beaucoup de peine. L'on voit des gens enivrés,

---

1. Un château en carton (il ne s'agit sans doute pas de notre château de cartes à jouer).

ensorcelés de la faveur; ils y pensent le jour, ils y rêvent la nuit; ils montent l'escalier d'un ministre, et ils en descendent; ils sortent de son antichambre, et ils y rentrent; ils n'ont rien à lui dire, et ils lui parlent; ils lui parlent une seconde fois: les voilà contents, ils lui ont parlé. Pressez-les, tordez-les, ils dégouttent[1] l'orgueil, l'arrogance, la présomption; vous leur adressez la parole, ils ne vous répondent point, ils ne vous connaissent point, ils ont les yeux égarés et l'esprit aliéné: c'est à leurs parents à en prendre soin et à les renfermer, de peur que leur folie ne devienne fureur, et que le monde n'en souffre. Théodote a une plus douce manie[2]: il aime la faveur éperdument, mais sa passion a moins d'éclat; il lui fait des vœux en secret, il la cultive, il la sert mystérieusement; il est au guet et à la découverte sur tout ce qui paraît de nouveau avec les livrées de la faveur[3]: ont-ils une prétention, il s'offre à eux, il s'intrigue[4] pour eux, il leur sacrifie sourdement mérite, alliance, amitié, engagement, reconnaissance. Si la place d'un Cassini[5] devenait vacante, et que le suisse ou le postillon du favori s'avisât de la demander, il appuierait sa demande, il le jugerait digne de cette place, il le trouverait capable d'observer et de calculer, de parler de parélies et de parallaxes[6]. Si vous demandiez de Théodote s'il est

––––––––––

1. Ils dégagent, il émane d'eux de l'orgueil.
2. Douce folie.
3. Les signes extérieurs de la réussite.
4. Il se donne de la peine.
5. Directeur de l'Observatoire.
6. Termes d'astronomie. La parhélie (ou parélie) est l'image du Soleil due à la réfraction produite par le halo. La parallaxe est

auteur ou plagiaire, original ou copiste, je vous don-
nerais ses ouvrages, et je vous dirais : « Lisez et jugez. »
Mais s'il est dévot ou courtisan, qui pourrait le déci-
der sur le portrait que j'en viens de faire ? Je pronon-
cerais plus hardiment sur son étoile. Oui, Théodote,
j'ai observé le point[1] de votre naissance ; vous serez
placé, et bientôt ; ne veillez plus, n'imprimez plus : le
public vous demande quartier.

62 (VIII) N'espérez plus de candeur, de franchise,
d'équité, de bons offices, de services, de bienveillance,
de générosité, de fermeté dans un homme qui s'est
depuis quelque temps livré à la cour, et qui secrète-
ment veut sa fortune. Le reconnaissez-vous à son
visage, à ses entretiens ? Il ne nomme plus chaque
chose par son nom ; il n'y a plus pour lui de fripons,
de fourbes, de sots et d'impertinents : celui dont il lui
échapperait de dire ce qu'il en pense, est celui-là
même qui, venant à le savoir, l'empêcherait de *cheminer*[2] ; pensant mal de tout le monde, il n'en dit de
personne ; ne voulant du bien qu'à lui seul, il veut persuader qu'il en veut à tous, afin que tous lui en fassent, ou que nul du moins lui soit contraire. Non
content de n'être pas sincère, il ne souffre pas que
personne le soit ; la vérité blesse son oreille : il est
froid et indifférent sur les observations que l'on fait
sur la cour et sur le courtisan ; et parce qu'il les a

---

l'angle formé par deux droites qui vont d'un corps observé à
deux points d'observation.

1. Point où se trouve un astre au moment de la naissance de
quelqu'un.

2. Parvenir à ses fins.

entendues, il s'en croit complice et responsable. Tyran de la société et martyr de son ambition, il a une triste circonspection dans sa conduite et dans ses discours, une raillerie innocente, mais froide et contrainte, un ris forcé, des caresses contrefaites, une conversation interrompue et des distractions fréquentes. Il a une profusion, le dirai-je ? des torrents de louanges pour ce qu'a fait ou ce qu'a dit un homme placé et qui est en faveur, et pour tout autre une sécheresse de pulmonique ; il a des formules de compliments différents pour l'entrée et pour la sortie à l'égard de ceux qu'il visite ou dont il est visité ; et il n'y a personne de ceux qui se payent de mines et de façons de parler qui ne sorte d'avec lui fort satisfait. Il vise également à se faire des patrons et des créatures ; il est médiateur, confident, entremetteur : il veut gouverner. Il a une ferveur de novice pour toutes les petites pratiques de cour ; il sait où il faut se placer pour être vu ; il sait vous embrasser, prendre part à votre joie, vous faire coup sur coup des questions empressées sur votre santé, sur vos affaires ; et pendant que vous lui répondez, il perd le fil de sa curiosité, vous interrompt, entame un autre sujet ; ou s'il survient quelqu'un à qui il doive un discours tout différent, il sait, en achevant de vous congratuler, lui faire un compliment de condoléance : il pleure d'un œil, et il rit de l'autre. Se formant quelquefois sur les ministres ou sur le favori, il parle en public de choses frivoles, du vent, de la gelée ; il se tait au contraire, et fait le mystérieux sur ce qu'il sait de plus important, et plus volontiers encore sur ce qu'il ne sait point.

63 (I) Il y a un pays où les joies sont visibles, mais fausses, et les chagrins cachés, mais réels. Qui croirait que l'empressement pour les spectacles, que les éclats [1] et les applaudissements aux théâtres de Molière et d'Arlequin [2], les repas, la chasse, les ballets, les carrousels [3] couvrissent tant d'inquiétudes, de soins et de divers intérêts, tant de craintes et d'espérances, des passions si vives et des affaires si sérieuses ?

64 (IV) La vie de la cour est un jeu sérieux, mélancolique, qui applique [4] : il faut arranger ses pièces et ses batteries, avoir un dessein, le suivre, parer celui de son adversaire, hasarder quelquefois, et jouer de caprice ; et après toutes ses rêveries et toutes ses mesures, on est échec, quelquefois mat ; souvent, avec des pions qu'on ménage bien, on va à dame, et l'on gagne la partie : le plus habile l'emporte, ou le plus heureux.

65 (V) Les roues, les ressorts, les mouvements sont cachés ; rien ne paraît d'une montre que son aiguille, qui insensiblement s'avance et achève son tour : image du courtisan, d'autant plus parfaite qu'après avoir fait assez de chemin, il revient souvent au même point d'où il est parti.

66 (I) «Les deux tiers de ma vie sont écoulés ; pourquoi tant m'inquiéter sur ce qui m'en reste ? La

---

1. Les éclats de rire.
2. La troupe de Molière et les Comédiens-Italiens partageaient leur salle de théâtre à Versailles.
3. Fête équestre.
4. Qui absorbe.

plus brillante fortune ne mérite point ni le tourment que je me donne, ni les petitesses où je me surprends, ni les humiliations, ni les hontes que j'essuie ; trente années détruiront ces colosses de puissance qu'on ne voyait bien qu'à force de lever la tête ; nous disparaîtrons, moi qui suis si peu de chose, et ceux que je contemplais si avidement, et de qui j'espérais toute ma grandeur ; le meilleur de tous les biens, s'il y a des biens, c'est le repos, la retraite [1] et un endroit qui soit son domaine. » N** a pensé cela dans sa disgrâce, et l'a oublié dans la prospérité.

67 (I) Un noble, s'il vit chez lui dans sa province, il vit libre, mais sans appui ; s'il vit à la cour, il est protégé, mais il est esclave : cela se compense.

68 (IX) *Xantippe* au fond de sa province, sous un vieux toit et dans un mauvais lit, a rêvé pendant la nuit qu'il voyait le prince, qu'il lui parlait, et qu'il en ressentait une extrême joie ; il a été triste à son réveil ; il a conté son songe, et il a dit : « Quelles chimères ne tombent point dans l'esprit des hommes pendant qu'ils dorment ! » Xantippe a continué de vivre ; il est venu à la cour, il a vu le prince, il lui a parlé ; et il a été plus loin que son songe, il est favori.

69 (I) Qui est plus esclave qu'un courtisan assidu, si ce n'est un courtisan plus assidu ?

---

1. Lieu où l'on se retire seul.

70 (1) L'esclave n'a qu'un maître; l'ambitieux en a autant qu'il y a de gens utiles à sa fortune.

71 (1) Mille gens à peine connus font la foule au lever[1] pour être vus du prince, qui n'en saurait voir mille à la fois; et s'il ne voit aujourd'hui que ceux qu'il vit hier et qu'il verra demain, combien de malheureux!

72 (1) De tous ceux qui s'empressent auprès des grands et qui leur font la cour, un petit nombre les honore dans le cœur, un grand nombre les recherche par des vues d'ambition et d'intérêt, un plus grand nombre par une ridicule vanité, ou par une sotte impatience de se faire voir.

73 (VII) Il y a de certaines familles qui, par les lois du monde ou ce qu'on appelle de la bienséance, doivent être irréconciliables. Les voilà réunies; et où la religion a échoué quand elle a voulu l'entre-prendre, l'intérêt s'en joue, et le fait sans peine.

74 (1) L'on parle d'une région où les vieillards sont galants, polis et civils; les jeunes gens au contraire, durs, féroces, sans mœurs ni politesse: ils se trouvent affranchis de la passion des femmes dans un âge où l'on commence ailleurs à la sentir; ils préfèrent des repas, des viandes, et des amours ridicules[2]. Celui-là chez eux est sobre et modéré, qui ne s'enivre que de vin: l'usage trop fréquent qu'ils en ont fait le leur a

---

1. Le lever du roi était public.
2. Sans doutes les amours homosexuelles.

rendu insipide ; ils cherchent à réveiller leur goût déjà
éteint par des eaux-de-vie, et par toutes les liqueurs
les plus violentes ; il ne manque à leur débauche que
de boire de l'eau-forte [1]. Les femmes du pays précipi-
tent le déclin de leur beauté par des artifices qu'elles
croient servir à les rendre belles : leur coutume est
de peindre leurs lèvres, leurs joues, leurs sourcils et
leurs épaules, qu'elles étalent avec leur gorge, leurs
bras et leurs oreilles, comme si elles craignaient de
cacher l'endroit par où elles pourraient plaire, ou de
ne pas se montrer assez. Ceux qui habitent cette
contrée ont une physionomie qui n'est pas nette, mais
confuse, embarrassée dans une épaisseur de cheveux
étrangers, qu'ils préfèrent aux naturels et dont ils
font un long tissu pour couvrir leur tête : il descend à
la moitié du corps, change les traits, et empêche
qu'on ne connaisse les hommes à leur visage. Ces
peuples d'ailleurs ont leur Dieu et leur roi : les grands
de la nation s'assemblent tous les jours, à une certaine heure, dans un temple qu'ils nomment église ; il
y a au fond de ce temple un autel consacré à leur
Dieu, où un prêtre célèbre des mystères qu'ils appellent saints, sacrés et redoutables ; les grands forment
un vaste cercle au pied de cet autel, et paraissent
debout, le dos tourné directement au prêtre et aux
saints mystères, et les faces élevées vers le roi, que l'on
voit à genoux sur une tribune, et à qui ils semblent
avoir tout l'esprit et tout le cœur appliqués. On ne
laisse pas de voir dans cet usage une espèce de
subordination ; car ce peuple paraît adorer le prince,

---

1. Acide nitrique dilué dans de l'eau.

et le prince adorer Dieu[1]. Les gens du pays le nomment***; il est à quelque quarante-huit degrés d'élévation du pôle[2], et à plus d'onze cents lieues de mer des Iroquois et des Hurons.

75 (I) Qui considérera que le visage du prince fait toute la félicité du courtisan, qu'il s'occupe et se remplit pendant toute sa vie de le voir et d'en être vu, comprendra un peu comment voir Dieu peut faire toute la gloire et tout le bonheur des saints.

76 (IV) Les grands seigneurs sont pleins d'égards pour les princes : c'est leur affaire, ils ont des inférieurs. Les petits courtisans se relâchent sur ces devoirs, font les familiers, et vivent comme gens qui n'ont d'exemples à donner à personne.

77 (IV) Que manque-t-il de nos jours à la jeunesse ? Elle peut et elle sait ; ou du moins quand elle saurait autant qu'elle peut, elle ne serait pas plus décisive.

78 (IV) Faibles hommes ! Un grand dit de *Timagène*, votre ami, qu'il est un sot, et il se trompe. Je ne demande pas que vous répliquiez qu'il est homme d'esprit : osez seulement penser qu'il n'est pas un sot.
De même il prononce d'*Iphicrate* qu'il manque de cœur[3] ; vous lui avez vu faire une belle action : rassu-

---

1. Le roi possédait à Versailles une chapelle où il se rendait régulièrement.
2. La latitude.
3. Manque de courage.

rez-vous, je vous dispense de la raconter, pourvu qu'après ce que vous venez d'entendre, vous vous souveniez encore de la lui avoir vu faire.

79 (V) Qui sait parler aux rois, c'est peut-être où se termine toute la prudence et toute la souplesse du courtisan. Une parole échappe, et elle tombe de l'oreille du prince bien avant dans sa mémoire, et quelquefois jusque dans son cœur : il est impossible de la ravoir ; tous les soins que l'on prend et toute l'adresse dont on use pour l'expliquer ou pour l'affaiblir servent à la graver plus profondément et à l'enfoncer davantage. Si ce n'est que contre nous-mêmes que nous ayons parlé, outre que ce malheur n'est pas ordinaire, il y a encore un prompt remède, qui est de nous instruire par notre faute, et de souffrir la peine de notre légèreté ; mais si c'est contre quelque autre, quel abattement ! quel repentir ! Y a-t-il une règle plus utile contre un si dangereux inconvénient, que de parler des autres au souverain, de leurs personnes, de leurs ouvrages, de leurs actions, de leurs mœurs ou de leur conduite, du moins avec l'attention, les précautions et les mesures dont on parle de soi ?

80 (IV) « Diseurs de bons mots, mauvais caractère » : je le dirais, s'il n'avait été dit. Ceux qui nuisent à la réputation ou à la fortune des autres plutôt que de perdre un bon mot, méritent une peine infamante : cela n'a pas été dit, et je l'ose dire.

81 (1) Il y a un certain nombre de phrases toutes faites, que l'on prend comme dans un magasin et dont

l'on se sert pour se féliciter les uns les autres sur les événements. Bien qu'elles se disent souvent sans affection[1], et qu'elles soient reçues sans reconnaissance, il n'est pas permis avec cela de les omettre, parce que du moins elles sont l'image de ce qu'il y a au monde de meilleur, qui est l'amitié, et que les hommes, ne pouvant guère compter les uns sur les autres pour la réalité, semblent être convenus entre eux de se contenter des apparences.

82 (I) Avec cinq ou six termes de l'art, et rien de plus, l'on se donne pour connaisseur en musique, en tableaux, en bâtiments, et en bonne chère : l'on croit avoir plus de plaisir qu'un autre à entendre, à voir et à manger ; l'on impose à ses semblables, et l'on se trompe soi-même.

83 (VI) La cour n'est jamais dénuée d'un certain nombre de gens en qui l'usage du monde, la politesse ou la fortune tiennent lieu d'esprit, et suppléent au mérite. Ils savent entrer et sortir ; ils se tirent de la conversation en ne s'y mêlant point ; ils plaisent à force de se taire, et se rendent importants par un silence longtemps soutenu, ou tout au plus par quelques monosyllabes ; ils payent de mines, d'une inflexion de voix, d'un geste et d'un sourire : ils n'ont pas, si je l'ose dire, deux pouces de profondeur ; si vous les enfoncez, vous rencontrez le tuf[2].

---

1. Sans ardeur.
2. « Rencontrer le tuf » signifie découvrir sous de belles apparences que la vérité est trompeuse et n'y correspond pas.

84 (VI) Il y a des gens à qui la faveur arrive comme un accident: ils en sont les premiers surpris et consternés. Ils se reconnaissent enfin, et se trouvent dignes de leur étoile; et comme si la stupidité et la fortune étaient deux choses incompatibles, ou qu'il fût impossible d'être heureux et sot tout à la fois, ils se croient de l'esprit; ils hasardent, que dis-je? ils ont la confiance de parler en toute rencontre, et sur quelque matière qui puisse s'offrir, et sans nul discernement des personnes qui les écoutent. Ajouterai-je qu'ils épouvantent ou qu'ils donnent le dernier dégoût par leur fatuité et par leurs fadaises? Il est vrai du moins qu'ils déshonorent sans ressources ceux qui ont quelque part au hasard de leur élévation.

85 (IV) Comment nommerai-je cette sorte de gens qui ne sont fins que pour les sots? Je sais du moins que les habiles les confondent avec ceux qu'ils savent tromper.

(I) C'est avoir fait un grand pas dans la finesse, que de faire penser de soi que l'on n'est que médiocrement fin.

(IV) La finesse n'est ni une trop bonne ni une trop mauvaise qualité: elle flotte entre le vice et la vertu. Il n'y a point de rencontre où elle ne puisse, et peut-être où elle ne doive être suppléée par la prudence.

(IV) La finesse est l'occasion prochaine de la fourberie; de l'un à l'autre le pas est glissant; le mensonge seul en fait la différence: si on l'ajoute à la finesse, c'est fourberie.

(IV) Avec les gens qui par finesse écoutent tout et

parlent peu, parlez encore moins ; ou si vous parlez beaucoup, dites peu de chose.

86 (V) Vous dépendez, dans une affaire qui est juste et importante, du consentement de deux personnes. L'un vous dit : « J'y donne les mains pourvu qu'un tel y condescende » ; et ce tel y condescend, et ne désire plus que d'être assuré des intentions de l'autre. Cependant rien n'avance ; les mois, les années s'écoulent inutilement : « Je m'y perds, dites-vous, et je n'y comprends rien ; il ne s'agit que de faire qu'ils s'abouchent[1], et qu'ils se parlent. » Je vous dis, moi, que j'y vois clair, à que j'y comprend tout : ils se sont parlé.

87 (VII) Il me semble que qui sollicite pour les autres a la confiance d'un homme qui demande justice ; et que parlant ou en agissant pour soi-même, on a l'embarras et la pudeur de celui qui demande grâce.

88 (I) Si l'on ne se précautionne à la cour contre les pièges que l'on y tend sans cesse pour faire tomber dans le ridicule, l'on est étonné, avec tout son esprit, de se trouver la dupe de plus sots que soi.

89 (I) Il y a quelques rencontres dans la vie où la vérité et la simplicité sont le meilleur manège du monde.

90 (VI) Êtes-vous en faveur, tout manège est bon, vous ne faites point de fautes, tous les chemins vous

---

1. Se mettre face à face.

mènent au terme : autrement, tout est faute, rien
n'est utile, il n'y a point de sentier qui ne vous égare.

91 (1) Un homme qui a vécu dans l'intrigue un certain temps ne peut plus s'en passer : toute autre vie
pour lui est languissante.

92 (1) Il faut avoir de l'esprit pour être homme de
cabale : l'on peut cependant en avoir à un certain point,
que l'on est au-dessus de l'intrigue et de la cabale, et
que l'on ne saurait s'y assujettir ; l'on va alors à une
grande fortune ou à une haute réputation par d'autres
chemins.

93 (IV) Avec un esprit sublime, une doctrine universelle, une probité à toutes épreuves et un mérite
très accompli, n'appréhendez pas, ô *Aristide*, de tomber à la cour ou de perdre la faveur des grands, pendant tout le temps qu'ils auront besoin de vous.

94 (1) Qu'un favori s'observe de fort près ; car s'il
me fait moins attendre dans son antichambre qu'à
l'ordinaire, s'il a le visage plus ouvert, s'il fronce moins
le sourcil, s'il m'écoute plus volontiers, et s'il me
reconduit un peu plus loin, je penserai qu'il commence
à tomber, et je penserai vrai.

   L'homme a bien peu de ressources dans soi-même,
puisqu'il lui faut une disgrâce ou une mortification
pour le rendre plus humain, plus traitable, moins
féroce, plus honnête homme.

95 (V) L'on contemple dans les cours de certaines gens, et l'on voit bien à leurs discours et à toute leur conduite qu'ils ne songent ni à leurs grands-pères ni à leurs petits-fils : le présent est pour eux ; ils n'en jouissent pas, ils en abusent.

96 (VI) *Straton* est né sous deux étoiles : malheureux, heureux dans le même degré. Sa vie est un roman : non, il lui manque le vraisemblable. Il n'a point eu d'aventures ; il a eu de beaux songes, il en a eu de mauvais : que dis-je ? on ne rêve point comme il a vécu. Personne n'a tiré d'une destinée plus qu'il a fait ; l'extrême et le médiocre lui sont connus ; il a brillé, il a souffert, il a mené une vie commune : rien ne lui est échappé. Il s'est fait valoir par des vertus qu'il assurait fort sérieusement qui étaient en lui ; il a dit de soi : *J'ai de l'esprit, j'ai du courage* ; et tous ont dit après lui : *Il a de l'esprit, il a du courage*. Il a exercé dans l'une et l'autre fortune le génie du courtisan, qui a dit de lui plus de bien peut-être et plus de mal qu'il n'y en avait. Le joli, l'aimable, le rare, le merveilleux, l'héroïque ont été employés à son éloge ; et tout le contraire a servi depuis pour le ravaler : caractère équivoque, mêlé, enveloppé ; une énigme, une question presque indécise.

97 (V) La faveur met l'homme au-dessus de ses égaux ; et sa chute, au-dessous.

98 (I) Celui qui un beau jour sait renoncer fermement ou à un grand nom, ou à une grande autorité, ou à une grande fortune, se délivre en un moment de

bien des peines, de bien des veilles, et quelquefois de bien des crimes.

99 (V) Dans cent ans le monde subsistera encore en son entier : ce sera le même théâtre et les mêmes décorations, ce ne seront plus les mêmes acteurs. Tout ce qui se réjouit sur une grâce reçue, ou ce qui s'attriste et se désespère sur un refus, tous auront disparu de dessus la scène. Il s'avance déjà sur le théâtre d'autres hommes qui vont jouer dans une même pièce les mêmes rôles ; ils s'évanouiront à leur tour, et ceux qui ne sont pas encore, un jour ne seront plus : de nouveaux acteurs ont pris leur place. Quel fonds[1] à faire sur un personnage de comédie !

100 (VII) Qui a vu la cour a vu du monde ce qui est le plus beau, le plus spécieux et le plus orné ; qui méprise la cour, après l'avoir vue, méprise le monde.

101 (VI) La ville dégoûte de la province ; la cour détrompe de la ville, et guérit de la cour.

(I) Un esprit sain puise à la cour le goût de la solitude et de la retraite.

---

1. Comprendre : « Comment faire confiance à un personnage de comédie ? »

Des grands

1 (1) La prévention[1] du peuple en faveur des grands est si aveugle, et l'entêtement pour leur geste, leur visage, leur ton de voix et leurs manières si général, que, s'ils s'avisaient d'être bons, cela irait à l'idolâtrie.

2 (VI) Si vous êtes né vicieux, ô *Théagène*, je vous plains ; si vous le devenez par faiblesse pour ceux qui ont intérêt que vous le soyez, qui ont juré entre eux de vous corrompre, et qui se vantent déjà de pouvoir y réussir, souffrez que je vous méprise. Mais si vous êtes sage, tempérant, modeste, civil, généreux, reconnaissant, laborieux, d'un rang d'ailleurs et d'une naissance à donner des exemples plutôt qu'à les prendre d'autrui, et à faire les règles plutôt qu'à les recevoir, convenez avec cette sorte de gens de suivre par complaisance leurs dérèglements, leurs vices et leur folie, quand ils auront, par la déférence qu'ils vous doivent, exercé toutes les vertus que vous chérissez : ironie forte, mais utile, très propre à mettre vos mœurs en sûreté, à renverser tous leurs projets, et à

---

1. Le jugement, l'opinion.

les jeter dans le parti de continuer d'être ce qu'ils sont, et de vous laisser tel que vous êtes.

3 (I) L'avantage des grands sur les autres hommes est immense par un endroit : je leur cède leur bonne chère[1], leurs riches ameublements, leurs chiens, leurs chevaux, leurs singes, leurs nains, leurs fous et leurs flatteurs ; mais je leur envie le bonheur d'avoir à leur service des gens qui les égalent par le cœur et par l'esprit, et qui les passent[2] quelquefois.

4 (I) Les grands se piquent d'ouvrir une allée dans une forêt, de soutenir des terres par de longues murailles, de dorer des plafonds, de faire venir dix pouces d'eau, de meubler une orangerie ; mais de rendre un cœur content, de combler une âme de joie, de prévenir d'extrêmes besoins ou d'y remédier, leur curiosité ne s'étend point jusque-là.

5 (IV) On demande si en comparant ensemble les différentes conditions des hommes, leurs peines, leurs avantages, on n'y remarquerait pas un mélange ou une espèce de compensation de bien et de mal, qui établirait entre elles l'égalité, ou qui ferait du moins que l'un ne serait guère plus désirable que l'autre. Celui qui est puissant, riche, et à qui il ne manque rien, peut former cette question ; mais il faut que ce soit un homme pauvre qui la décide.

Il ne laisse pas d'y avoir comme un charme attaché

---

1. Leur bon accueil.
2. Surpassent.

à chacune des différentes conditions, et qui y demeure jusques à ce que la misère l'en ait ôté. Ainsi les grands se plaisent dans l'excès, et les petits aiment la modération ; ceux-là ont le goût de dominer et de commander, et ceux-ci sentent du plaisir et même de la vanité à les servir et à leur obéir ; les grands sont entourés, salués, respectés ; les petits entourent, saluent, se prosternent ; et tous sont contents.

6 (IV) Il coûte si peu aux grands à ne donner que des paroles, et leur condition les dispense si fort de tenir les belles promesses qu'ils vous ont faites, que c'est modestie à eux de ne promettre pas encore plus largement.

7 (IV) « Il est vieux et usé, dit un grand ; il s'est crevé[1] à me suivre : qu'en faire ? » Un autre, plus jeune, enlève ses espérances, et obtient le poste qu'on ne refuse à ce malheureux que parce qu'il l'a trop mérité.

8 (IV) « Je ne sais, dites-vous avec un air froid et dédaigneux, *Philanthe* a du mérite, de l'esprit, de l'agrément, de l'exactitude sur son devoir, de la fidélité et de l'attachement pour son maître, et il en est médiocrement considéré ; il ne plaît pas, il n'est pas goûté. » — Expliquez-vous : est-ce Philanthe, ou le grand qu'il sert, que vous condamnez ?

9 (VI) Il est souvent plus utile de quitter les grands que de s'en plaindre.

---

1. Il s'est usé.

10 (1) Qui peut dire pourquoi quelques-uns ont le gros lot, ou quelques autres la faveur des grands?

11 (IV) Les grands sont si heureux, qu'ils n'essuient pas même, dans toute leur vie, l'inconvénient de regretter la perte de leurs meilleurs serviteurs, ou des personnes illustres dans leur genre, et dont ils ont tiré le plus de plaisir et le plus d'utilité. La première chose que la flatterie sait faire, après la mort de ces hommes uniques, et qui ne se réparent[1] point, est de leur supposer des endroits faibles, dont elle prétend que ceux qui leur succèdent sont très exempts : elle assure que l'un, avec toute la capacité et toutes les lumières de l'autre, dont il prend la place, n'en a point les défauts ; et ce style sert aux princes à se consoler du grand et de l'excellent par le médiocre.

12 (1) Les grands dédaignent les gens d'esprit qui n'ont que de l'esprit ; les gens d'esprit méprisent les grands qui n'ont que de la grandeur. Les gens de bien plaignent les uns et les autres, qui ont ou de la grandeur ou de l'esprit, sans nulle vertu.

13 (IV) Quand je vois d'une part auprès des grands, à leur table, et quelquefois dans leur familiarité, de ces hommes alertes, empressés, intrigants, aventuriers, esprits dangereux et nuisibles, et que je considère d'autre part quelle peine ont les personnes de mérite à en approcher, je ne suis pas toujours disposé à

---

1. Ils ne se remplacent pas.

croire que les méchants soient soufferts par intérêt, ou que les gens de bien soient regardés comme inutiles ; je trouve plus mon compte à me confirmer dans cette pensée, que grandeur et discernement sont deux choses différentes, et l'amour pour la vertu et pour les vertueux une troisième chose.

14 (1) *Lucile* aime mieux user sa vie à se faire supporter de quelques grands, que d'être réduit à vivre familièrement avec ses égaux.

La règle de voir de plus grands que soi doit avoir ses restrictions. Il faut quelquefois d'étranges talents pour la réduire en pratique.

15 (VI) Quelle est l'incurable maladie de *Théophile* ? Elle lui dure depuis plus de trente années, il ne guérit point : il a voulu, il veut, et il voudra gouverner les grands ; la mort seule lui ôtera avec la vie cette soif d'empire et d'ascendant sur les esprits. Est-ce en lui zèle du prochain ? est-ce habitude ? est-ce une excessive opinion de soi-même ? Il n'y a point de palais où il ne s'insinue ; ce n'est pas au milieu d'une chambre qu'il s'arrête : il passe à une embrasure ou au cabinet ; on attend qu'il ait parlé, et longtemps et avec action, pour avoir audience, pour être vu. Il entre dans le secret des familles ; il est de quelque chose dans tout ce qui leur arrive de triste ou d'avantageux ; il prévient, il s'offre, il se fait de fête, il faut l'admettre. Ce n'est pas assez pour remplir son temps ou son ambition, que le soin de dix mille âmes dont il répond à Dieu comme de la sienne propre : il y en a d'un plus haut rang et d'une plus grande distinction dont il ne

doit aucun compte, et dont il se charge plus volontiers. Il écoute, il veille sur tout ce qui peut servir de pâture à son esprit d'intrigue, de médiation et de manège. À peine un grand est-il débarqué, qu'il l'empoigne et s'en saisit ; on entend plus tôt dire à Théophile qu'il le gouverne, qu'on n'a pu soupçonner qu'il pensait à le gouverner.

16 (I) Une froideur ou une incivilité qui vient de ceux qui sont au-dessus de nous nous les fait haïr, mais un salut ou un sourire nous les réconcilie.

17 (VI) Il y a des hommes superbes, que l'élévation de leurs rivaux humilie et apprivoise ; ils en viennent, par cette disgrâce, jusqu'à rendre le salut ; mais le temps, qui adoucit toutes choses, les remet enfin dans leur naturel.

18 (IV) Le mépris que les grands ont pour le peuple les rend indifférents sur les flatteries ou sur les louanges qu'ils en reçoivent et tempère leur vanité. De même les princes, loués sans fin et sans relâche des grands ou des courtisans, en seraient plus vains s'ils estimaient davantage ceux qui les louent.

19 (I) Les grands croient être seuls parfaits, n'admettent qu'à peine dans les autres hommes la droiture d'esprit, l'habileté, la délicatesse, et s'emparent de ces riches talents comme de choses dues à leur naissance. C'est cependant en eux une erreur grossière de se nourrir de si fausses préventions : ce qu'il y a jamais eu de mieux pensé, de mieux dit, de mieux

écrit, et peut-être d'une conduite plus délicate, ne nous est pas toujours venu de leur fonds. Ils ont de grands domaines et une longue suite d'ancêtres : cela ne leur peut être contesté.

20 (VI) Avez-vous de l'esprit, de la grandeur, de l'habileté, du goût, du discernement ? en croirai-je la prévention et la flatterie, qui publient hardiment votre mérite ? Elles me sont suspectes, et je les récuse. Me laisserai-je éblouir par un air de capacité ou de hauteur qui vous met au-dessus de tout ce qui se fait, de ce qui se dit et de ce qui s'écrit ; qui vous rend sec sur les louanges, et empêche qu'on ne puisse arracher de vous la moindre approbation ? Je conclus de là plus naturellement que vous avez de la faveur, du crédit et de grandes richesses. Quel moyen de vous définir, *Téléphon* ? on n'approche de vous que comme du feu, et dans une certaine distance, et il faudrait vous développer[1], vous manier, vous confronter avec vos pareils, pour porter de vous un jugement sain et raisonnable. Votre homme de confiance, qui est dans votre familiarité, dont vous prenez conseil, pour qui vous quittez *Socrate* et *Aristide*, avec qui vous riez, et qui rit plus haut que vous, *Dave*[2] enfin, m'est très connu : serait-ce assez pour vous bien connaître ?

21 (V) Il y en a de tels, que s'ils pouvaient connaître leurs subalternes et se connaître eux-mêmes, ils auraient honte de primer[3].

---

1. Enlever votre enveloppe.
2. Personnage de l'*Andrienne* de Térence (vers 190-159 av. J.-C.).
3. Commencer le premier, attaquer.

22 (V) S'il y a peu d'excellents orateurs, y a-t-il bien des gens qui puissent les entendre ? S'il n'y a pas assez de bons écrivains, où sont ceux qui savent lire ? De même on s'est toujours plaint du petit nombre de personnes capables de conseiller les rois, et de les aider dans l'administration de leurs affaires ; mais s'ils naissent enfin ces hommes habiles et intelligents, s'ils agissent selon leurs vues et leurs lumières, sont-ils aimés, sont-ils estimés autant qu'ils le méritent ? Sont-ils loués de ce qu'ils pensent et de ce qu'ils font pour la patrie ? Ils vivent, il suffit : on les censure s'ils échouent, et on les envie s'ils réussissent. Blâmons le peuple où il serait ridicule de vouloir l'excuser. Son chagrin et sa jalousie, regardés des grands ou des puissants comme inévitables, les ont conduits insensiblement à le compter pour rien, et à négliger ses suffrages dans toutes leurs entreprises, à s'en faire même une règle de politique.

Les petits se haïssent les uns les autres lorsqu'ils se nuisent réciproquement. Les grands sont odieux aux petits par le mal qu'ils leur font, et par tout le bien qu'ils ne leur font pas : ils leur sont responsables de leur obscurité, de leur pauvreté et de leur infortune, ou du moins ils leur paraissent tels.

23 (V) C'est déjà trop d'avoir avec le peuple une même religion et un même Dieu : quel moyen encore de s'appeler *Pierre, Jean, Jacques*, comme le marchand ou le laboureur ? Évitons d'avoir rien de commun avec la multitude ; affectons au contraire toutes les distinctions qui nous en séparent. Qu'elle s'approprie les

douze apôtres, leurs disciples, les premiers martyrs
(telles gens, tels patrons); qu'elle voie avec plaisir
revenir, toutes les années, ce jour particulier que
chacun célèbre comme sa fête. Pour nous autres
grands, ayons recours aux noms profanes; faisons-
nous baptiser sous ceux d'*Annibal*, de *César* et de
Pompée: c'étaient de grands hommes; sous celui de
Lucrèce: c'était une illustre Romaine; sous ceux de
Renaud, de *Roger*, d'*Olivier* et de *Tancrède*: c'étaient des
paladins, et le roman n'a point de héros plus merveilleux; sous ceux d'*Hector*, d'*Achille*, d'*Hercule*, tous
demi-dieux; sous ceux même de *Phébus* et de *Diane*;
et qui nous empêchera de nous faire nommer *Jupiter*
ou *Mercure*, ou *Vénus*, ou *Adonis*?

24 (VII) Pendant que les grands négligent de rien
connaître, je ne dis pas seulement aux intérêts des
princes et aux affaires publiques, mais à leurs propres
affaires; qu'ils ignorent l'économie et la science d'un
père de famille, et qu'ils se louent eux-mêmes de cette
ignorance; qu'ils se laissent appauvrir et maîtriser par
des intendants; qu'ils se contentent d'être gourmets
ou *coteaux*[1], d'aller chez *Thaïs* ou chez *Phryné*[3], de
parler de la meute et de la vieille meute[2], de dire
combien il y a de postes de Paris à Besançon, ou à
Philisbourg, des citoyens s'instruisent du dedans et
du dehors d'un royaume, étudient le gouvernement,

---

1. Amateurs de bons vins.
2. Noms usuels de courtisanes grecques.
3. La meute de chiens plus âgés que l'on lâche en second
dans une chasse à courre.

deviennent fins et politiques[1], savent le fort et le faible
de tout un État, songent à se mieux placer, se placent,
s'élèvent, deviennent puissants, soulagent le prince
d'une partie des soins publics. Les grands, qui les
dédaignaient, les révèrent : heureux s'ils deviennent
leurs gendres.

25 (V) Si je compare ensemble les deux conditions
des hommes les plus opposées, je veux dire les
grands avec le peuple, ce dernier me paraît content
du nécessaire, et les autres sont inquiets et pauvres
avec le superflu. Un homme du peuple ne saurait faire
aucun mal ; un grand ne veut faire aucun bien, et est
capable de grands maux. L'un ne se forme et ne
s'exerce que dans les choses qui sont utiles ; l'autre y
joint les pernicieuses. Là se montrent ingénument la
grossièreté et la franchise ; ici se cache une sève
maligne et corrompue sous l'écorce de la politesse.
Le peuple n'a guère d'esprit, et les grands n'ont point
d'âme : celui-là a un bon fond, et n'a point de dehors ;
ceux-ci n'ont que des dehors et qu'une simple super-
ficie. Faut-il opter ? Je ne balance pas : je veux être
peuple.

26 (I) Quelque profonds que soient les grands de
la cour, et quelque art qu'ils aient pour paraître ce
qu'ils ne sont pas et pour ne point paraître ce qu'ils
sont, ils ne peuvent cacher leur malignité, leur extrême
pente à rire aux dépens d'autrui, et à jeter un ridicule
souvent où il n'y en peut avoir. Ces beaux talents se

---

1. Habile, réservé.

découvrent en eux du premier coup d'œil, admirables sans doute pour envelopper une dupe et rendre sot celui qui l'est déjà, mais encore plus propres à leur ôter tout le plaisir qu'ils pourraient tirer d'un homme d'esprit, qui saurait se tourner et se plier en mille manières agréables et réjouissantes, si le dangereux caractère du courtisan ne l'engageait pas à une fort grande retenue. Il lui oppose un caractère sérieux, dans lequel il se retranche; et il fait si bien que les railleurs, avec des intentions si mauvaises, manquent d'occasions de se jouer de lui.

27 (I) Les aises de la vie, l'abondance, le calme d'une grande prospérité font que les princes ont de la joie de reste pour rire d'un nain, d'un singe, d'un imbécile et d'un mauvais conte : les gens moins heureux ne rient qu'à propos.

28 (VIII) Un grand aime la Champagne, abhorre la Brie[1]; Il s'enivre de meilleur vin que l'homme du peuple : seule différence que la crapule laisse entre les conditions les plus disproportionnées, entre le seigneur et l'estafier[2].

29 (I) Il semble d'abord qu'il entre dans les plaisirs des princes un peu de celui d'incommoder les autres. Mais non, les princes ressemblent aux hommes; ils songent à eux-mêmes, suivent leur goût, leurs passions, leur commodité : cela est naturel.

---

1. Vins de Champagne et de Brie.
2. Valet qui marche à pied et suit un seigneur à cheval.

30 (1) Il semble que la première règle des compagnies, des gens en place ou des puissants, est de donner à ceux qui dépendent d'eux pour le besoin de leurs affaires toutes les traverses[1] qu'ils en peuvent craindre.

31 (IV) Si un grand a quelque degré de bonheur sur les autres hommes, je ne devine pas lequel, si ce n'est peut-être de se trouver souvent dans le pouvoir et dans l'occasion de faire plaisir; et si elle naît, cette conjoncture, il semble qu'il doive s'en servir. Si c'est en faveur d'un homme de bien, il doit appréhender qu'elle ne lui échappe; mais comme c'est en une chose juste, il doit prévenir la sollicitation, et n'être vu que pour être remercié; et si elle est facile, il ne doit pas même la lui faire valoir. S'il la lui refuse, je les plains tous deux.

32 (VI) Il y a des hommes nés inaccessibles, et ce sont précisément ceux de qui les autres ont besoin, de qui ils dépendent. Ils ne sont jamais que sur un pied; mobiles comme le mercure, ils pirouettent, ils gesticulent, ils crient, ils s'agitent; semblables à ces figures de carton[2] qui servent de montre à une fête publique, ils jettent feu et flamme, tonnent et foudroient: on n'en approche pas, jusqu'à ce que, venant à s'éteindre, ils tombent, et par leur chute deviennent traitables, mais inutiles.

---

1. Obstacles.
2. Personnages qui ornaient les feux d'artifice et finissaient brûlés.

33 (IV) Le suisse, le valet de chambre, l'homme de livrée, s'ils n'ont plus d'esprit que ne porte leur condition, ne jugent plus d'eux-mêmes par leur première bassesse, mais par l'élévation et la fortune des gens qu'ils servent, et mettent tous ceux qui entrent par leur porte, et montent leur escalier, indifféremment au-dessous d'eux et de leurs maîtres : tant il est vrai qu'on est destiné à souffrir des grands et de ce qui leur appartient.

34 (IV) Un homme en place doit aimer son prince, sa femme, ses enfants, et après eux les gens d'esprit ; il les doit adopter, il doit s'en fournir et n'en jamais manquer. Il ne saurait payer, je ne dis pas de trop de pensions et de bienfaits, mais de trop de familiarité et de caresses, les secours et les services qu'il en tire, même sans le savoir. Quels petits bruits ne dissipent-ils pas ? quelles histoires ne réduisent-ils pas à la fable et à la fiction ? Ne savent-ils pas justifier les mauvais succès par les bonnes intentions, prouver la bonté d'un dessein et la justesse des mesures par le bonheur des événements, s'élever contre la malignité et l'envie pour accorder à de bonnes entreprises de meilleurs motifs, donner des explications favorables à des apparences qui étaient mauvaises, détourner les petits défauts, ne montrer que les vertus, et les mettre dans leur jour, semer en mille occasions des faits et des détails qui soient avantageux, et tourner le ris[1] et la moquerie contre ceux qui oseraient en douter ou

---

1. Rires.

avancer des faits contraires? Je sais que les grands
ont pour maxime de laisser parler et de continuer
d'agir; mais je sais aussi qu'il leur arrive en plusieurs
rencontres que laisser dire les empêche de faire.

35 (IV) Sentir le mérite, et quand il est une fois
connu, le bien traiter, deux grandes démarches à
faire tout de suite, et dont la plupart des grands sont
fort incapables.

36 (IV) Tu es grand, tu es puissant: ce n'est pas
assez; fais que je t'estime, afin que je sois triste d'être
déchu de tes bonnes grâces, ou de n'avoir pu les
acquérir.

37 (IV) Vous dites d'un grand ou d'un homme en
place qu'il est prévenant, officieux, qu'il aime à faire
plaisir; et vous le confirmez par un long détail de ce
qu'il a fait en une affaire où il a su que vous preniez
intérêt. Je vous entends: on va pour vous au-devant
de la sollicitation, vous avez du crédit, vous êtes connu
du ministre, vous êtes bien avec les puissances; dési-
riez-vous que je susse autre chose?
(VII) Quelqu'un vous dit: *Je me plains d'un tel, il est
fier depuis son élévation, il me dédaigne, il ne me connaît
plus. — Je n'ai pas, pour moi,* lui répondez-vous, *sujet
de m'en plaindre; au contraire, je m'en loue fort, et il me
semble même qu'il est assez civil.* Je crois encore vous
entends: vous voulez qu'on sache qu'un homme en
place a de l'attention pour vous, et qu'il vous démêle
dans l'antichambre entre mille honnêtes gens de qui il

détourne ses yeux, de peur de tomber dans l'inconvénient de leur rendre le salut ou de leur sourire.

(IV) «Se louer de quelqu'un, se louer d'un grand», phrase délicate dans son origine, et qui signifie sans doute se louer soi-même, en disant d'un grand tout le bien qu'il nous a fait, ou qu'il n'a pas songé à nous faire.

(IV) On loue les grands pour marquer qu'on les voit de près, rarement par estime ou par gratitude. On ne connaît pas souvent ceux que l'on loue ; la vanité ou la légèreté l'emportent quelquefois sur le ressentiment : on est mal content d'eux et on les loue.

38 (IV) S'il est périlleux de tremper dans une affaire suspecte, il l'est encore davantage de s'y trouver complice d'un grand : il s'en tire, et vous laisse payer doublement, pour lui et pour vous.

39 (V) Le prince n'a point assez de toute sa fortune pour payer une basse complaisance, si l'on en juge par tout ce que celui qu'il veut récompenser y a mis du sien ; et il n'a pas trop de toute sa puissance pour le punir, s'il mesure sa vengeance au tort qu'il en a reçu.

40 (IV) La noblesse expose sa vie pour le salut de l'État et pour la gloire du souverain ; le magistrat décharge le prince d'une partie du soin de juger les peuples : voilà de part et d'autre des fonctions bien sublimes et d'une merveilleuse utilité ; les hommes ne sont guère capables de plus grandes choses, et je ne sais d'où la robe et l'épée ont puisé de quoi se mépriser réciproquement.

41 (IV) S'il est vrai qu'un grand donne plus à la fortune lorsqu'il hasarde une vie destinée à couler dans les ris, le plaisir et l'abondance, qu'un particulier qui ne risque que des jours qui sont misérables, il faut avouer aussi qu'il a un tout autre dédommagement, qui est la gloire et la haute réputation. Le soldat ne sent pas qu'il soit connu ; il meurt obscur et dans la foule : il vivait de même, à la vérité, mais il vivait ; et c'est l'une des sources du défaut de courage dans les conditions basses et serviles. Ceux au contraire que la naissance démêle d'avec le peuple et expose aux yeux des hommes, à leur censure et à leurs éloges, sont même capables de sortir par effort de leur tempérament, s'il ne les portait pas à la vertu ; et cette disposition de cœur et d'esprit, qui passe des aïeuls par les pères dans leurs descendants, est cette bravoure si familière aux personnes nobles, et peut-être la noblesse même.

(V) Jetez-moi dans les troupes comme un simple soldat, je suis Thersite ; mettez-moi à la tête d'une armée dont j'aie à répondre à toute l'Europe, je suis Achille[1].

42 (I) Les princes, sans autre science ni autre règle, ont un goût de comparaison : ils sont nés et élevés au milieu et comme dans le centre des meilleures choses, à quoi ils rapportent ce qu'ils lisent, ce qu'ils voient et ce qu'ils entendent. Tout ce qui s'éloigne trop de Lulli, de Racine et de Le Brun est condamné.

---

1. Thersite est le seul soldat d'origine humble caractérisé (il est très laid) par Homère dans l'*Odyssée*. Achille, au contraire, fils de divinités, est un héros dont dépend le sort de l'armée grecque.

43 (1) Ne parler aux jeunes princes que du soin de leur rang est un excès de précaution, lorsque toute une cour met son devoir et une partie de sa politesse à les respecter, et qu'ils sont bien moins sujets à ignorer aucun des égards dus à leur naissance, qu'à confondre les personnes, et les traiter indifféremment et sans distinction des conditions et des titres. Ils ont une fierté naturelle, qu'ils retrouvent dans les occasions ; il ne leur faut des leçons que pour la régler, que pour leur inspirer la bonté, l'honnêteté et l'esprit de discernement.

44 (1) C'est une pure hypocrisie à un homme d'une certaine élévation de ne pas prendre d'abord le rang qui lui est dû, et que tout le monde lui cède : il ne lui coûte rien d'être modeste, de se mêler dans la multitude qui va s'ouvrir pour lui, de prendre dans une assemblée une dernière place, afin que tous l'y voient et s'empressent de l'en ôter. La modestie est d'une pratique plus amère aux hommes d'une condition ordinaire : s'ils se jettent dans la foule, on les écrase ; s'ils choisissent un poste incommode, il leur demeure.

45 (V) *Aristarque* [1] se transporte dans la place avec un héraut et un trompette ; celui-ci commence : toute la multitude accourt et se rassemble. «Écoutez, peuple, dit le héraut ; soyez attentifs ; silence, silence !

---

1. Grammairien (IIIe et IIe siècle av. J.-C.) célèbre pour ses critiques d'Homère.

Aristarque, que vous voyez présent, doit faire demain une
bonne action.» Je dirai plus simplement et sans figure :
« Quelqu'un fait bien ; veut-il faire mieux ? que je ne
sache pas qu'il fait bien, ou que je ne le soupçonne
pas du moins de me l'avoir appris. »

46 (VI) Les meilleures actions s'altèrent et s'affai-
blissent par la manière dont on les fait, et laissent
même douter des intentions. Celui qui protège ou qui
loue la vertu pour la vertu, qui corrige ou qui blâme le
vice à cause du vice, agit simplement, naturellement,
sans aucun tour, sans nulle singularité, sans faste, sans
affectation ; il n'use point de réponses graves et sen-
tencieuses, encore moins de traits piquants et sati-
riques : ce n'est jamais une scène qu'il joue pour le
public, c'est un bon exemple qu'il donne, et un devoir
dont il s'acquitte ; il ne fournit rien aux visites des
femmes, ni au cabinet*, ni aux nouvellistes ; il ne
donne point à un homme agréable la matière d'un joli
conte. Le bien qu'il vient de faire est un peu moins su,
à la vérité ; mais il a fait ce bien : que voudrait-il
davantage ?

47 (I) Les grands ne doivent point aimer les premiers temps : ils ne leur sont point favorables ; il est
triste pour eux d'y voir que nous sortions tous du
frère et de la sœur. Les hommes composent ensemble
une même famille : il n'y a que le plus ou le moins
dans le degré de parenté.

---

* Rendez-vous à Paris de quelques honnêtes gens pour la conversation.

48 (VI) *Théognis* est recherché dans son ajustement,
et il sort paré comme une femme ; il n'est pas hors de
sa maison, qu'il a déjà ajusté ses yeux et son visage,
afin que ce soit une chose faite quand il sera dans le
public, qu'il y paraisse tout concerté[1], que ceux qui
passent le trouvent déjà gracieux et leur souriant, et
que nul ne lui échappe. Marche-t-il dans les salles, il
se tourne à droit[2], où il y a un grand monde, et à
gauche, où il n'y a personne ; il salue ceux qui y sont
et ceux qui n'y sont pas. Il embrasse un homme qu'il
trouve sous sa main, il lui presse la tête contre sa poitrine ; il demande ensuite qui est celui qu'il a embrassé.
Quelqu'un a besoin de lui dans une affaire qui est
facile ; il va le trouver, lui fait sa prière : Théognis
l'écoute favorablement, il est ravi de lui être bon à
quelque chose, il le conjure de faire naître des occasions de lui rendre service ; et comme celui-ci insiste
sur son affaire, il lui dit qu'il ne la fera point ; il le prie
de se mettre en sa place, il l'en fait juge. Le client sort,
reconduit, caressé, confus, presque content d'être
refusé.

49 (I) C'est avoir une très mauvaise opinion des
hommes, et néanmoins les bien connaître, que de
croire dans un grand poste leur imposer par des
caresses étudiées, par de longs et stériles embrassements.

---

1. Qui affecte une allure modeste mais qui est hypocrite.
2. À droite.

50 (IV) *Pamphile* ne s'entretient pas avec les gens
qu'il rencontre dans les salles ou dans les cours : si l'on
en croit sa gravité et l'élévation de sa voix, il les reçoit,
leur donne audience, les congédie ; il a des termes tout
à la fois civils et hautains, une honnêteté impérieuse et
qu'il emploie sans discernement ; il a une fausse grandeur qui l'abaisse, et qui embarrasse fort ceux qui sont
ses amis, et qui ne veulent pas le mépriser.

(VI) Un Pamphile est plein de lui-même, ne se perd
pas de vue, ne sort point de l'idée de sa grandeur, de
ses alliances, de sa charge, de sa dignité ; il ramasse,
pour ainsi dire, toutes ses pièces[1], s'en enveloppe
pour se faire valoir ; il dit : *Mon ordre, mon cordon bleu*[2] ;
il l'étale ou il le cache par ostentation. Un Pamphile
en un mot veut être grand, il croit l'être ; il ne l'est
pas, il est d'après un grand. Si quelquefois il sourit à
un homme du dernier ordre, à un homme d'esprit, il
choisit son temps si juste, qu'il n'est jamais pris sur le
fait : aussi la rougeur lui monterait-elle au visage s'il
était malheureusement surpris dans la moindre familiarité avec quelqu'un qui n'est ni opulent, ni puissant,
ni ami d'un ministre, ni son allié, ni son domestique[3].
Il est sévère et inexorable à qui n'a point encore fait
sa fortune. Il vous aperçoit un jour dans une galerie,
et il vous fuit ; et le lendemain, s'il vous trouve en un
endroit moins public, ou s'il est public, en la compa-
gnie d'un grand, il prend courage, il vient à vous, et il
vous dit : *Vous ne faisiez pas hier semblant de nous voir.*

---

1. Ses armoiries.
2. Marque de l'ordre le plus prestigieux de l'Ancien Régime,
celui des chevaliers du Saint-Esprit.
3. Homme qui est au service d'un personnage important.

Tantôt il vous quitte brusquement pour joindre un seigneur ou un premier commis[1]; et tantôt s'il les trouve avec vous en conversation, il vous coupe et vous les enlève. Vous l'abordez une autre fois, et il ne s'arrête pas; il se fait suivre, vous parle si haut que c'est une scène pour ceux qui passent. Aussi les Pamphiles sont-ils toujours comme sur un théâtre: gens nourris dans le faux, et qui ne haïssent rien tant que d'être naturels; vrais personnages de comédie, des *Floridors*, des *Mondoris*[2].

(VII) On ne tarit point sur les Pamphiles: ils sont bas et timides devant les princes et les ministres; pleins de hauteur et de confiance avec ceux qui n'ont que de la vertu; muets et embarrassés avec les savants; vifs, hardis et décisifs avec ceux qui ne savent rien. Ils parlent de guerre à un homme de robe, et de politique à un financier; ils savent l'histoire avec les femmes; ils sont poètes avec un docteur, et géomètres avec un poète. De maximes, ils ne s'en chargent pas; de principes, encore moins: Ils vivent à l'aventure, poussés et entraînés par le vent de la faveur et par l'attrait des richesses. Ils n'ont point d'opinion qui soit à eux, qui leur soit propre; ils en empruntent à mesure qu'ils en ont besoin; et celui à qui ils ont recours n'est guère un homme sage, ou habile, ou vertueux: c'est un homme à la mode.

---

1. Les commis étaient les seconds des ministres. Ils conservaient leur poste quand ces derniers étaient remplacés. C'étaient des personnages importants.
2. Floridor dirigea le théâtre de l'Hôtel de Bourgogne de 1646 à 1671. Mondory fut un célèbre comédien du théâtre du Marais, de 1634 à 1638.

51 (VI) Nous avons pour les grands et pour les gens en place une jalousie stérile ou une haine impuissante, qui ne nous venge point de leur splendeur et de leur élévation, et qui ne fait qu'ajouter à notre propre misère le poids insupportable du bonheur d'autrui. Que faire contre une maladie de l'âme si invétérée et si contagieuse ? Contentons-nous de peu, et de moins encore s'il est possible ; sachons perdre dans l'occasion : la recette est infaillible, et je consens à l'éprouver. J'évite par là d'apprivoiser un suisse[1] ou de fléchir un commis ; d'être repoussé à une porte par la foule innombrable de clients[2] ou de courtisans dont la maison d'un ministre se dégorge plusieurs fois le jour ; de languir dans sa salle d'audience ; de lui demander en tremblant et en balbutiant une chose juste ; d'essuyer sa gravité, son ris amer et son *laconisme*. Alors je ne le hais plus, je ne lui porte plus d'envie ; il ne me fait aucune prière, je ne lui en fais pas ; nous sommes égaux, si ce n'est peut-être qu'il n'est pas tranquille, et que je le suis.

52 (I) Si les grands ont les occasions de nous faire du bien, ils en ont rarement la volonté ; et s'ils désirent de nous faire du mal, ils n'en trouvent pas toujours les occasions. Ainsi l'on peut être trompé dans l'espèce de culte qu'on leur rend, s'il n'est fondé que sur l'espérance ou sur la crainte ; et une longue vie se termine quelquefois sans qu'il arrive de dépendre

---

1. Garde suisse.
2. Personnes placées sous la protection d'une autre.

d'eux pour le moindre intérêt, ou qu'on leur doive sa bonne ou sa mauvaise fortune. Nous devons les honorer, parce qu'ils sont grands et que nous sommes petits, et qu'il y en a d'autres plus petits que nous qui nous honorent.

53 (VI) À la cour, à la ville, mêmes passions, mêmes faiblesses, mêmes petitesses, mêmes travers d'esprit, mêmes brouilleries dans les familles et entre les proches, mêmes envies, mêmes antipathies. Partout des brus et des belles-mères, des maris et des femmes, des divorces, des ruptures, et de mauvais raccommodements ; partout des humeurs, des colères, des partialités, des rapports, et ce qu'on appelle de mauvais discours. Avec de bons yeux on voit sans peine la petite ville, la rue Saint-Denis, comme transportées à V** ou à F**[1]. Ici l'on croit se haïr avec plus de fierté et de hauteur, et peut-être avec plus de dignité : on se nuit réciproquement avec plus d'habileté et de finesse ; les colères sont plus éloquentes, et l'on se dit des injures plus poliment et en meilleurs termes ; l'on n'y blesse point la pureté de la langue ; l'on n'y offense que les hommes ou que leur réputation : tous les dehors du vice y sont spécieux ; mais le fond, encore une fois, y est le même que dans les conditions les plus ravalées[2] ; tout le bas, tout le faible et tout l'indigne s'y trouvent. Ces hommes si grands ou par leur naissance, ou par leur faveur, ou par leurs dignités, ces têtes si fortes et si habiles, ces femmes si

---

1. Versailles et Fontainebleau, villes royales.
2. Basses.

polies et si spirituelles, tous méprisent le peuple, et ils sont peuple.

(IV) Qui dit le peuple dit plus d'une chose : c'est une vaste expression, et l'on s'étonnerait de voir ce qu'elle embrasse, et jusques où elle s'étend. Il y a le peuple qui est opposé aux grands : c'est la populace et la multitude ; il y a le peuple qui est opposé aux sages, aux habiles et aux vertueux : ce sont les grands comme les petits.

54 (VI) Les grands se gouvernent par sentiment, âmes oisives sur lesquelles tout fait d'abord une vive impression. Une chose arrive, ils en parlent trop ; bientôt ils en parlent peu ; ensuite ils n'en parlent plus, et ils n'en parleront plus. Action, conduite, ouvrage, événement, tout est oublié ; ne leur demandez ni correction, ni prévoyance, ni réflexion, ni reconnaissance, ni récompense.

55 (I) L'on se porte aux extrémités opposées à l'égard de certains personnages. La satire après leur mort court parmi le peuple, pendant que les voûtes des temples retentissent de leurs éloges. Ils ne méritent quelquefois ni libelles ni discours funèbres[1] ; quelquefois aussi ils sont dignes de tous les deux.

56 (I) L'on doit se taire sur les puissants : il y a presque toujours de la flatterie à en dire du bien ; il y a du péril à en dire du mal pendant qu'ils vivent, et de la lâcheté quand ils sont morts.

---

1. Les libelles sont des satires, les discours funèbres des éloges.

Du tableau

au texte

Alain Jaubert

Du tableau au texte

Portrait d'un jeune gentilhomme inconnu
de Nicolas de Largillierre

… Nicolas de Largillierre est né à Paris au milieu du XVIIe siècle…

Dans un coin de parc, sous les hautes frondaisons d'une chênaie, accoudé à un socle de pierre, un jeune homme nous regarde. Il porte une perruque blond cendré dont les longues boucles cascadent sur les épaules et dans le dos. Il est vêtu d'un justaucorps bleu outremer broché d'or et fermé de grosses agrafes d'argent serties de pierres ovales d'une couleur rouge orangé translucide, peut-être de la cornaline. Sous la veste, une chemise blanche, flottante, ouverte, bordée de dentelle. De la main droite, l'homme retient les plis d'un grand et lourd manteau de velours rouge vermillon doublé de satin de couleur rose fané qui casse sur le bras, enveloppe tout le bas du corps, et moule la cuisse gauche légèrement ployée.

Posée sur le socle de pierre, une grosse jarre sphérique dont l'encolure se termine par un plateau circulaire. Au pied du socle, un épagneul noir tacheté de blanc et portant un collier lève la tête vers l'homme. C'est un tableau peint à l'huile sur une toile de 1,43 sur 1,12 mètre. Attribué à Nicolas de Largillierre (1656-1746), il a été acquis par le marquis Georges de Lastic, décédé en 1988, qui a collectionné les œuvres du peintre et contribué par ses recherches et publications à la réhabilitation d'un artiste jusqu'alors mal connu. Le tableau a été exposé pour la première fois en public au musée Jacquemart-André à Paris, l'hiver 2003-2004.

Nicolas de Largillierre est né à Paris au milieu du XVIIᵉ siècle. Son père était chapelier sur le pont au Change. À la suite de l'incendie du pont, la famille Largillierre s'exile et s'établit à Anvers. Le jeune Nicolas est élève d'Antoine Gouban. Il est reçu à la guilde des peintres à seize ans. Il s'installe en Angleterre où il travaille dans l'atelier de Peter Lely, peintre néerlandais devenu *Principal Painter* de la cour. L'atelier a du mal à faire face à l'afflux de commandes : chaque dame de la haute société, chaque notable voulait son portrait. Chez Lely, Largillierre apprend l'art de la physionomie. Au cours d'une carrière de plus de soixante ans, il aurait peint 1 500 portraits qui sont loin d'avoir été tous localisés.

… drapés, chair blanche, regard vers le spectateur, décor sylvestre…

En 1682, au moment où débutent les persécutions anglicanes contre les catholiques, Largillierre revient en France. Il est reçu à l'Académie avec un portrait du peintre Charles Le Brun (musée du Louvre). Il retourne en Angleterre en 1685 pour peindre les portraits du roi et de la reine. Et peut-être au cours de son séjour peint-il ce *Portrait d'un jeune gentilhomme inconnu.* Quelques tableaux de Largillierre sont célèbres : *La Belle Strasbourgeoise* du musée de Strasbourg, le *Portrait du peintre Forest* du musée de Lille, le *Portrait d'un jeune prince et de son précepteur* de la National Gallery de Washington, un *Autoportrait* du musée de Nantes, un autre du château de Versailles, quelques natures mortes de belle facture et qui annoncent Chardin (musées de Grenoble, Dunkerque, Quimper, Petit Palais à Paris). Certains de ses tableaux sont étranges. Par exemple ce *Portrait d'homme en Bacchus* (Louvre) qui date, comme le *Portrait d'un jeune gentilhomme inconnu*, des environs de l'année 1685 et qui a longtemps passé à tort pour un portrait de Philippe d'Orléans (1674-1723), le futur Régent. Ce tableau un peu trouble a beaucoup de traits en commun avec le portrait du jeune gentilhomme : drapés, chair blanche, regard vers le spectateur, décor sylvestre. Un autre tableau surprenant de Largillierre est lui aussi conservé par le Louvre. Le peintre a rassemblé dans son cadre rectangulaire vertical onze mains empruntées à certains de ses tableaux précédents. C'est une sorte d'aide-mémoire de motifs pour son usage personnel. Mais l'ensemble, parfaitement unifié par son fond sombre et ses éclairages cohérents, forme une œuvre en soi, poétique, insolite et fort stimulante pour l'imagination. Une sorte de contrepoint riant à placer, dans le musée imaginaire, en face des bras et des jambes de cadavres que peindra un siècle plus tard Géricault.

... rouge du manteau, jaune de l'or et des feuillages du fond, bleu du justaucorps...

Pour peindre son personnage, Largillierre a utilisé une gamme de couleurs surprenante. Il est parti des trois couleurs primaires, rouge, bleu et jaune, et, au lieu de les fondre les unes dans les autres, selon les usages classiques, il les a laissées pures et saturées sur sa toile. Chacune est justifiée, bien sûr : rouge du manteau, jaune de l'or et des feuillages du fond, bleu du justaucorps. Mais, comme elles sont juxtaposées, elles créent des stridences que le peintre a rééquilibrées d'une part avec les ombres des feuillages et de la vasque, d'autre part avec l'éclat de la chemise, de la peau très pâle du personnage et des reflets brillants de la doublure du manteau. Ce personnage est dans ce décor comme une sonnerie de cuivres acides au milieu d'un calme orchestre à cordes. Le peintre s'est surtout attaché au rendu minutieux du visage, des mains et des dentelles. Les feuillages et le manteau sont traités avec beaucoup plus de liberté. Les reflets blancs, les plis sombres et les reliefs du manteau, les ombres de la chemise, les mèches blanches du chien sont évoqués par des touches légères, dansantes, laissées bien visibles. Une manière assez désinvolte et plutôt inhabituelle à cette époque. Et pourtant, subtilité de l'illusion picturale, les textures de la chemise, du manteau ou des feuillages nous paraissent tout à fait justes.

La lumière vient d'en haut à gauche, et laisse dans l'ombre le côté gauche du personnage où le bleu d'outremer devient presque noir. Mais il semble bien qu'à la façon des peintres vénitiens du siècle précédent (il a pu voir à Londres de beaux tableaux de Titien et de Véronèse), Largillierre utilise peu le noir, préférant assombrir ses couleurs par les couleurs elles-mêmes. Par exemple, les ombres dans les plis du manteau sont obtenues en superposant des laques rouges ou violettes, les reliefs délicats de la chemise sont bleutés. La partie claire de la perruque se détache sur le fond sombre des feuillages, la partie sombre de cette même perruque se détache sur le ciel et les feuillages clairs. Toutes les parties du tableau sont ainsi traitées en vifs contrastes de couleurs et de clarté. C'est une image qui se voit de loin, qui attire l'œil, le captive et, malgré le côté conventionnel du sujet, intrigue fortement le spectateur.

… «Gentilhomme» par la perruque et la richesse de l'habit…

Dans les portraits, les peintres montrent en général les notables dans des tenues évoquant leur fonction : robes, manteaux, soutanes, éléments d'armures. Ou bien ils placent dans le cadre des accessoires qui jouent le même rôle de signal : livres de droit, objets de culte, instruments scientifiques, pinceaux. Ici, rien de tel. On n'a pas pu encore identifier ce jeune homme représenté à peu près grandeur nature et qui, pour l'instant, n'est donc qu'un «gentilhomme inconnu». «Gentilhomme» par la perruque et la richesse de l'habit. On sait que le tableau provient d'une collection britannique. Est-ce un Français ou un Anglais ? Rien dans l'image ne permet de trancher.

La seule chose qu'on peut dire avec certitude,

c'est que ce personnage est une sorte de figure de la désinvolture. Son élégant débraillé, son bras gauche posé avec nonchalance, sa main abandonnée à elle-même, son regard léger, son demi-sourire, tout signe l'insouciance de la jeunesse et de l'aisance financière. Il semble sans charge, sans responsabilité. Il est sans doute célibataire, oisif. Chasseur à ses heures peut-être, comme semble le suggérer la présence du chien. Les feuilles de chêne qui se détachent au-dessus de sa tête seraient-elles une allusion à quelque destin militaire ?

… notre jeune homme dont le débraillé étudié signe un grand raffinement…

Baldassare Castiglione, né en 1478 à Mantoue, mort en 1529 à Tolède, est célèbre pour deux raisons : il a publié en 1528, *Il Libro del Cortegiano (Le Livre du Courtisan)*, l'un des plus grands succès de librairie du xvie siècle, et Raphaël a fait de lui un portrait, aujourd'hui au musée du Louvre, considéré comme un des sommets de l'art de la Renaissance. Dans son livre, Castiglione rapporte les conversations vespérales de quelques personnages de l'entourage du duc et de la duchesse de Montefeltro au château d'Urbino en mars 1507. Cette société élégante, lettrée, raffinée, tente de définir les bons usages, les manières, la civilité, les qualités de celui qu'on appellera plus tard l'honnête homme, le gentilhomme ou le *gentleman*. La femme, la *nobil donna*, n'est d'ailleurs pas oubliée et *Le Livre du courtisan* peut compter parmi les premiers grands livres féministes européens. La mode, la peinture, l'art de la conversation, l'amour sont passés en revue. Castiglione qui, évidemment, fait œuvre de fiction littéraire et retrace des conversations en grande partie imaginaires, tente de définir ce qui fait la qualité du bon courtisan. « Le Courtisan, dit-il, doit accompagner ses actions, ses gestes, ses manières, en somme tous ses mouvements, de grâce. Et il me semble que vous considérez cela comme l'assaisonnement de toute chose, sans lequel toutes les autres qualités n'ont que peu de valeur. » Il ne s'agit plus de la grâce au sens théologique mais de quelque chose de proprement humain quoique lié à la bonté et à la beauté de l'âme selon les principes néoplatoniciens qui régnaient dans l'Italie des cours ducales ou princières à l'époque. Castiglione a conscience de la difficulté à définir cette qualité. Il tente l'expérience : « J'ai déjà souvent réfléchi sur l'origine de cette grâce, et, si on laisse de côté ceux qui la tiennent de la faveur du ciel, je trouve qu'il y a une règle très universelle, qui me semble valoir plus que toute autre sur ce point pour toutes les choses humaines que l'on fait et que l'on dit, c'est qu'il faut fuir, autant qu'il est possible, comme un écueil très acéré et dangereux, l'affectation, et pour employer peut-être un mot nouveau, faire preuve en toute chose d'une certaine désinvolture, qui cache l'art et qui montre que tout ce que l'on a fait et dit est venu sans peine et presque sans y penser. » Ce mot nouveau forgé par Castiglione et qu'on a tenté de traduire par désinvolture, c'est *sprezzatura*, qui, aux yeux de son inventeur, exprime le dédain, le mépris, la simulation de la facilité, du naturel. La *sprezzatura*, c'est l'art d'effacer les traces de ses efforts pour donner l'apparence de la spontanéité, de laisser paraître le négligé pour accroître encore la grâce, de se cacher pour mieux se montrer, etc. On voit que ces définitions s'appliquent parfaitement non seulement à notre jeune homme dont le débraillé étudié signe un grand raffinement, mais aussi au tableau dans lequel le peintre a volontairement laissé, sous forme de touches lestes et légères, la trace de son talent. Il a traité la désinvolture par la désinvolture.

… Nous aimerions comprendre le « je ne sais quoi » de ce trop beau modèle…

Cependant, si le regard du spectateur a été attiré par ce tableau très brillant, ce n'est pas seulement parce qu'il a été peint avec cette apparente spontanéité, avec cette gamme de couleurs et avec ces contrastes de lumière. Le personnage fascine. Pour l'exprimer, il faut peut-être passer d'un Balthazar à un autre, et utiliser l'expression d'un jésuite espagnol prolifique, Baltasar Gracián (1601-1657), que combattit Pascal, mais dont les écrits, très à la mode à l'époque de Largillierre, inspirèrent Corneille, La Bruyère, La Rochefoucauld, La Fontaine et, plus tard, beaucoup d'autres dont Voltaire, Swift, Schopenhauer et Nietzsche. Reprenant, à la suite de Castiglione, les définitions de l'homme de cour, Gracián y ajoute le héros et l'homme universel, mais les définit tous par le « je ne sais quoi ».

« Le JE NE SAIS QUOI, qui est l'âme de toutes les bonnes qualités, qui orne les actions, qui embellit les paroles, qui répand un charme inévitable sur tout ce qui vient de lui, est au-dessus de nos pensées et de nos expressions ; personne ne l'a encore compris, et apparemment personne ne le comprendra jamais. Il est le lustre même du brillant, qui ne frappe point sans lui ; il est l'agrément de la beauté, qui sans lui ne plaît point ; c'est à lui de donner, pour me servir de ces termes, la tournure et la façon à toutes les qualités qui nous parent ; il est, en un mot, la perfection de la perfection même, et l'assaisonnement de tout le bon et de tout le beau. […] Tantôt, c'est le je ne sais quoi de majestueux et de grand ; tantôt, c'est le je ne sais quoi d'aimable et d'honnête ; ici, c'est le je ne sais quoi de fier et de gracieux ; là, c'est le je ne sais quoi de vif et de doux ; chacun enfin le qualifie suivant les diverses faces qu'il représente. D'ailleurs les uns voient le je ne sais quoi où les autres ne l'aperçoivent pas : et c'est encore une de ses propriétés de ne frapper pas également tout le monde, mais de ne nous frapper que conformément à la manière dont chacun de nous est sensible. Ce que je dis regarde surtout le je ne sais quoi de délicat et de fin, parce qu'il est trop imperceptible pour ne pas échapper à la plupart. Pour ce qui est du je ne sais quoi dont les traits sont plus marqués, il est presque universel : il fait son impression sur le sentiment même du vulgaire, qui en est touché, bien que ce soit ordinairement sans y réfléchir. »

Qualités, charme, brillant, beauté, perfection, aimable, honnête, fier, gracieux, vif, doux, délicat, fin… on voit que tous ces qualificatifs semblent pouvoir s'appliquer à notre personnage. Mais, après bientôt quatre siècles de rationalité et de sciences, nous sommes devenus plus exigeants. Nous n'aimons pas les définitions floues. Nous aimerions comprendre le «je ne sais quoi» de ce trop beau modèle.

… Le portrait du peintre est un texte intégral…

Que nous apprend donc son image ? Quelques détours par la mode. Sous Louis XIV, la perruque devient une spécialité française exportée dans toute l'Europe. Cheveux crêpés tissés sur des fils de soie, montés haut et cascadant en crinière, avec les boucles tombant sur les épaules et ruisselant sur le dos. Notre personnage a choisi une perruque blonde qui contraste assez fortement avec ses yeux sombres et ses sourcils noirs. Il est imberbe, il a le teint très pâle, juste un peu de rose aux joues, la bouche charnue, aux commissures bien marquées, est très rouge. Le cou, tendre, naît d'une encolure sans muscles. L'échancrure de sa chemise montre une poitrine d'une blancheur éclatante, à la chair tendre, et sans pilosité, comme son avant-bras. Même si le manteau, le justaucorps, la jambe un peu relevée, la perruque indiquent le costume et la pose d'un personnage masculin, tous les autres caractères tirent plutôt vers le féminin. C'est son ambiguïté sexuelle qui fait sans doute le « je ne sais quoi » du personnage. Il est jeune, il sort à peine de l'adolescence. Il nous regarde ainsi parce qu'il sait qu'il nous trouble, que nous peinons au premier coup d'œil à définir son identité. Cependant ses yeux aux paupières lourdes, la discrète ironie qui anime le regard montrent qu'il a vécu et surtout qu'il a bien intégré l'orgueil et la morgue de sa caste. Sa fierté vaut pour toute expérience à venir. Le portrait du peintre va bien au-delà d'une simple commande mondaine. Il est un texte intégral, comme ceux de La Bruyère ou de Saint-Simon à l'époque. D'ailleurs ni l'un ni l'autre ne font l'impasse sur l'incertitude sexuelle, ils évoquent les mœurs androgynes de certains courtisans et même des princes.

Cette personnalité ambiguë, entre lumière et obscurité, entre pâleur et couleur, a son écho dans les déclinaisons savantes que le peintre apporte en traitant son décor. Le personnage qui est tout en boucles, en courbes, en entrelacs, en ramages dorés, en dentelles, dans le désordre élégant de son indécision sexuelle, est pris comme en sandwich entre deux édifices très présents et plutôt étranges. D'un côté le manteau, folle composition de plis tumultueux, cassants, stridents, guerriers. L'œil qui se promène sur ces surfaces couleur de sang frais, ressent comme le crissement des ongles sur la soie. Avec le tissu rêche, des plis, des angles, des fentes, des pointes. Des arêtes de lumière doublées d'ombre profonde. Il suffit de regarder un peu longuement cette zone en oubliant le reste du tableau pour aussitôt pénétrer dans un monde fantastique. Des formes agressives, méchantes, becs d'oiseaux, rostres d'animaux marins, entrailles mordorées de monstres, ou bien cavernes sans fond, crevasses ténébreuses, nasses fascinantes et mortelles. Peut-être bien une figure métaphorique des passions tumultueuses qui remuent en profondeur cet Adonis ironique.

… l'annonce de la décrépitude, de l'effritement des objets matériels comme des passions…

Et de l'autre côté, cette immense poterie qui, pour n'être qu'une belle décoration de parc, n'en est pas moins inquiétante. Elle fait se succéder des blocs parallélépipédiques puis des courbes et des contre-courbes, allant presque jusqu'à la sphère parfaite et s'évasant enfin en un col que termine un vaste plateau ouvert vers le ciel. Ça n'en finit pas, c'est, à force de courbes douces et féminines, tout aussi vertigineux que le manteau, avec ses angles et ses plis tourmentés, mâles. Ça se partage entre l'ombre et la lumière. C'est d'ailleurs une ombre qui rééquilibre la trop grande clarté du personnage central mais aussi semble le menacer de toute sa hauteur. Cette succession de volumes a-t-elle un sens pour le peintre ? Peut-être pas. Mais elle occupe un bon tiers du tableau et elle pèse très lourd dans sa lecture. Elle a une autre fonction que les drapés tourmentés du manteau. Elle allie en une seule figure les motifs de la stèle, de la colonne, du pilier, de la sphère. On pense à Poussin et à ses paysages inspirés. Aujourd'hui, on peut se souvenir aussi de Cézanne (« Traitez la nature par le cylindre, la sphère, le cône, le tout mis en perspective… »). Cette figure est tangible, imposante, c'est une preuve de la solidité, du sérieux des entreprises humaines. Une réflexion sur l'harmonie, sur la technique. Pour un peintre adepte de la belle perspective, que trouver de plus excitant, de plus difficile, comme exercice ? Cette construction se dresse, elle domine, elle est là comme un signal, une invite à la méditation.

Pour le « jeune gentilhomme », elle n'est sans doute qu'un meuble, un ornement de jardin, un appui commode au hasard d'une promenade dans les sous-bois. À moins qu'il ne s'agisse d'un vulgaire accessoire en carton-pâte comme on en voyait tant dans les ateliers de peintres : fûts de colonnes, termes, pierres tombales, bancs rustiques, tonnelle et arceaux… Si le personnage daignait accorder un peu d'attention à cet édifice, il verrait qu'à chaque étage se répète le même détail : toutes les arêtes du socle sont ébréchées. Il en est de même pour le bord du vase de terre cuite dont le plateau a été sérieusement accidenté. Certes, c'est un tour pictural indispensable : le peintre ne veut pas de lignes trop rigides, de formes géométriques trop tranchées, trop pleines, trop parfaites. Ménager quelques accidents dans les volumes est une façon de les rendre plus réels, plus «naturels». Mais c'est aussi le signe que même la pierre est mortelle, l'annonce de la décrépitude, du temps qui passe, de l'effritement des objets matériels comme des passions. Les éléments d'une «vanité» donc, un genre très prisé encore au début du XVIIe siècle. Une autre preuve? Cette discrète branche de lierre qui s'est glissée juste entre la tête du chien et l'inquiétant manteau rouge. *Lierre*, c'est la moitié du nom de Largillierre, donc une sorte de signature (on pourrait dire aussi que le vase au-dessus, c'est *l'argile*). Et la plante de Dionysos, immortelle parce que toujours verte, mais aussi amère et parfois maléfique, monte à l'assaut du socle pour l'envahir, s'y incruster, le ronger, et participer ainsi à la dissolution générale de toutes choses.

Le texte

en perspective

Guillaume Peureux

Mouvement littéraire

Moralistes
et forme brève

AU SEIN D'UNE TYPOLOGIE des humains établie par Montaigne, certains d'entre eux ont pour fonction d'«être spectateurs de la vie des autres hommes, pour en juger et régler la leur» (*Essais*, I, 26). Au XVIIe siècle en particulier, les moralistes se posent en spectateurs : ils assistent aux dérèglements du monde, observent, traquent et débusquent pour les lecteurs les vices camouflés et les vertus d'apparat. Mais ils ne font pas la morale, ce ne sont pas des moralisateurs. Ils tiennent un discours critique à l'égard de la société dans laquelle ils vivent, sans se réclamer ouvertement d'un système de valeurs, et sans jamais rien prescrire.

1.

Les moralistes, spectateurs du genre humain

1. *Un contexte favorable*

Des *Essais* de Montaigne (1580-1595) aux *Caractères* de La Bruyère (1688-1696), le XVIIe siècle semble

bien s'affirmer comme le siècle des moralistes. Les
œuvres que l'on peut rassembler sous ce terme sont
non seulement nombreuses — des *Pensées* de Pascal
publiées après sa mort en 1670, aux *Réflexions ou Sen-*
tences et Maximes morales (1665-1678) de La Rochefoucauld —, mais aussi diverses dans leurs titres et leurs
formes. Toutes répondent cependant à une préoccu-
pation mondaine : élaborer de nouveaux modes
d'être en société. Le but des moralistes n'est pas de
donner des règles ou des modèles. Ils rivalisent plutôt, sur un mode nouveau, avec la philosophie morale
que l'on pratiquait dans les collèges. Dans une société
française où la vie mondaine connaît un essor inédit,
où les « honnêtes gens », hommes et femmes, s'interrogent sur ce que signifie vivre ensemble, ils
apportent à leurs lecteurs leur propre observation
du « monde », l'humanité en général mais aussi la
haute société, dont les « grands » et « la cour » stig-
matisés par La Bruyère constituent les archétypes.

Par ailleurs, les guerres de Religion entre catholiques et protestants, qui ont mis la France à feu et à
sang entre 1562 et 1598, ont fortement affecté la
confiance que beaucoup accordaient à la religion :
on a assassiné, massacré au nom de Dieu, au nom
d'interprétations divergentes des textes bibliques.
Comment, désormais, gouverner sa vie en fonction de
principes religieux ? Comment, plus généralement,
accorder du crédit à quelque système de pensée que
ce soit, qui prétendrait régir tous les aspects de l'existence humaine ? Avec des ouvrages sans cesse retra-
vaillés (Montaigne reprend son texte en y ajoutant
des « allongeails », et on compte neuf éditions des
Caractères revues et corrigées par La Bruyère), dont la
forme brève et fragmentée est inhabituelle, les mora-

listes proposent une modalité nouvelle de parler des humains et de réfléchir à leurs mœurs. Ils n'apparaissent pas dogmatiques. Ils offrent à un public mondain et souvent lettré, mais plus largement à ceux qui se veulent « honnêtes gens », une réflexion critique sur les mœurs à la fois originale et non systématique qui séduit et rassure par sa forme : le dogmatisme y semble remisé au bénéfice d'avancées manifestement prudentes, d'une remarque à l'autre ou d'une édition à l'autre, dans une optique spécifique.

2. *Optiques moralistes*

Par optique, on entend la perspective, le point de vue adopté par le moraliste à l'égard de son objet. Or la question de l'optique d'un moraliste est centrale, pour celui-ci comme pour son lecteur.

Il s'agit de dénoncer la faiblesse humaine. Dans sa préface, La Bruyère prétend écrire « d'après nature ». Les moralistes se veulent « spectateurs » pour juger et régler la vie des hommes. Ils sont donc contraints d'adopter un mode d'observation qui ne soit ni trop près de l'objet décrit, sans quoi il affecte l'observateur, ni trop loin, sans quoi on ne peut le décrire. Le travail des moralistes consiste donc pour une part à asseoir leur autorité, c'est-à-dire à légitimer leur parole en précisant le lieu d'où ils écrivent, à se justifier, à dire ce qui les autorise à agir comme ils le font. La vue et les métaphores optiques sont très présentes dans *Les Caractères* :

> Le philosophe consume sa vie à observer les hommes (« Des ouvrages de l'esprit », 34).

> De bien des gens il n'y a que le nom qui vaille quelque chose ; quand vous les voyez de fort près,

c'est moins que rien ; de loin ils imposent (« Du mérite personnel », 2).

J'approche d'une petite ville, et je suis déjà sur une hauteur d'où je la découvre. Elle est située à mi-côte ; une rivière baigne ses murs, et coule ensuite dans une belle prairie ; elle a une forêt épaisse qui la couvre des vents froids et de l'aquilon. Je la vois dans un jour si favorable, que je compte ses tours et ses clochers ; elle me paraît peinte sur le penchant de la colline. Je me récrie, et je dis : « Quel plaisir de vivre sous un si beau ciel et dans ce séjour si délicieux ! » Je descends dans la ville, où je n'ai pas couché deux nuits, que je ressemble à ceux qui l'habitent : j'en veux sortir (« De la société et de la conversation », 49).

Toujours se pose la question, chez La Bruyère en particulier, de savoir regarder : où et comment ? Après tout, *Les Caractères* dévoilent la réalité cachée et enseignent à reconnaître les masques, les artifices et les mises en scène :

Il ne faut pas juger des hommes comme d'un tableau ou d'une figure, sur une seule et première vue : il y a un intérieur et un cœur qu'il faut approfondir. Le voile de la modestie couvre le mérite, et le masque de l'hypocrisie cache la malignité. Il n'y a qu'un très petit nombre de connaisseurs qui discerne, et qui soit en droit de prononcer ; ce n'est que peu à peu, et forcés même par le temps et les occasions, que la vertu parfaite et le vice consommé viennent enfin à se déclarer (« Des Jugements », 27).

Les moralistes semblent avoir chacun leur optique personnelle, par laquelle ils observent le monde et orientent leurs critiques. La Rochefoucauld, par exemple, relaie dans ses *Maximes* la pensée janséniste selon laquelle l'homme est mauvais par nature et seuls quelques élus désignés par Dieu sont en mesure d'aller vers le bien : aussi sont-ils contraints à livrer bataille au mal et à faire contrition en permanence. Montaigne avant lui, à travers le prisme de sa propre personne, examine et critique sans aménité la nature humaine. Pascal, enfin, dénonce dans une perspective chrétienne la déchéance de l'homme, la vanité et les dangers de ses divertissements.

Ce qui réunit ces auteurs tient à leur refus d'expliquer les comportements humains par des classifications, par le recours à l'abstraction ou à un discours à prétentions scientifiques, tel celui de la physiologie (qui envisage le tempérament d'un individu en fonction de son aspect extérieur ou de flux d'humeurs au sein de son organisme). Ainsi le médecin Cureau de La Chambre lie, dans les *Caractères des passions* (1640-1662), le tempérament d'un individu à son aspect physique, faisant même illustrer par le célèbre graveur Le Brun les types humains qu'il établit. À l'opposé, les moralistes ne classent pas, n'ordonnent pas; ils décrivent et, insensiblement, conduisent le lecteur à ses propres conclusions.

3. *Les mœurs en procès*

La Bruyère écrit que « tout est dit, et l'on vient trop tard depuis plus de sept mille ans qu'il y a des hommes et qui pensent » (« Des ouvrages de l'esprit », 1). Il affirme aussi :

> Dans cent ans le monde subsistera encore en son entier : ce sera le même théâtre et les mêmes décorations, ce ne seront plus les mêmes acteurs. [...] Il s'avance déjà sur le théâtre d'autres hommes qui vont jouer dans une même pièce les mêmes rôles;

> ils s'évanouiront à leur tour ; et ceux qui ne sont
> pas encore, un jour ne seront plus : de nouveaux
> acteurs ont pris leur place (« De la cour », 99).

Tout semble se répéter inexorablement : la nature humaine ne change pas. Dès lors, les écrits des Anciens, tel Théophraste (IVᵉ siècle av. J.-C.) dont La Bruyère a traduit les *Caractères* qui accompagnent ses propres remarques, ont un accent de vérité. La Bruyère écrit pour corriger les mœurs de son temps, c'est-à-dire ce que les comportements révèlent des vices ancrés dans la nature humaine, leurs manifestations modernes. C'est pour cela qu'il rappelle dans sa préface que son public est aussi la « matière de [s]on ouvrage » : en prise directe sur le réel, *Les Caractères* s'adressent également à ceux qui y sont dépeints sur le mode de la critique.

Les moralistes s'attaquent aux formes que prennent les vices à leur époque. Ils proposent au lecteur des portraits dans lesquels il se reconnaît et grâce auxquels il devrait s'amender. La multiplication des portraits, des maximes ou des remarques chez tel ou tel moraliste s'entend alors comme un essai pour saisir l'ensemble des combinaisons produites par les vices. L'incessante reprise de l'écriture affine le regard et permet d'avoir une vue d'ensemble sur les comportements humains, la forme brève rendant possible cette saisie globale.

2.

Écritures moralistes :
entre mouvement et brièveté

Du XVIIe siècle à nos jours, l'écriture moraliste privilégie la brièveté. Ce mode d'écriture témoigne de l'interrogation qui anime tout moraliste sur les conditions de possibilité et sur les limites d'une écriture de la morale. Pour ne pas tomber dans le double piège d'un traité, qui encouragerait le dogmatisme et déplairait au public visé, il faut trouver des manières d'écrire qui échappent à la lourdeur des traités philosophiques et moraux comme au sectarisme d'ouvrages systématiques dans leur approche des comportements humains.

1. *S'adapter à la variété du réel*

Derrière les exemples choisis, les moralistes aspirent à donner à leur propos une valeur générale. Il leur faut donc appréhender la plus grande variété de comportements, proposer au lecteur un nuancier complet qui implique, compte tenu de la diversité des hommes, l'adaptation de chaque remarque, maxime, voire essai, à l'objet traité en même temps qu'à l'effet recherché par ce lecteur.

La Bruyère par exemple fait face à la multiplication vertigineuse des apparences et à l'inconstance ontologique des hommes :

> Les hommes n'ont point de caractères, ou s'ils en ont, c'est celui de n'en avoir aucun qui soit suivi, qui ne se démente point, et où ils soient reconnaissables (« De l'homme », 147).

Mettant en question l'existence même des caractères, il souligne cette variété si difficile à saisir par l'écriture. Les moralistes, en décrivant succinctement et en suggérant, produisent ainsi une écriture en adéquation avec son objet : à la diversité du monde répond celle de leurs œuvres ; à la profusion des mœurs et comportements répond celle de l'écriture sans cesse renouvelée.

La forme brève caractérise les moralistes, tout comme l'absence de genre défini, ou d'un titre commun à leurs ouvrages, indique la variété des approches et leur prudence : ils ne délivrent pas un savoir qui donnerait l'impression d'être figé, mais proposent une encyclopédie par fragments et sans cesse nuancée et renouvelée.

2. *Un choix stratégique*

Ce mode d'écriture procède également d'une stratégie : s'il convient de conquérir un public mondain, celui des élites parisiennes et de la cour, friand d'énoncés brefs et brillants, il s'agit aussi de le piéger. Et c'est un piège d'autant plus efficace qu'il n'est pas apparent.

Si le public mondain se montre méfiant à l'égard des systèmes de pensée, il se montre inversement sensible à l'écriture de brefs énoncés. Qu'il s'agisse de maximes, de pensées brillamment exposées, de dialogues, de sentences paradoxales, de pastiches, de portraits, de harangues, de brèves fictions narratives prenant parfois l'aspect de contes, les formes adoptées par les moralistes sont brèves (même s'il faut reconnaître que certains passages sont nettement plus développés que d'autres), et donc propres à séduire les mondains : ceux-ci sont à la fois amateurs de diversité et de brièveté. En effet, d'une part, ils revendiquent leur distance à l'égard des savants et de leurs ouvrages, qu'ils jugent aussi poussiéreux et pédants que leurs auteurs, et, d'autre part, ils aspirent à voir reconnus leur jugement et leur autorité en matière intellectuelle ou artistique. Les formes brèves répondent à ces deux exigences.

Mais, en charmant le lecteur, les ouvrages à formes brèves sont un véritable piège pour ce dernier : l'écriture brève lui laisse croire que les textes sont inachevés, comme s'il était invité à en terminer le raisonnement sous-jacent. C'est ainsi que La Bruyère, dans ses remarques, n'explicite guère le vice ou les sentiments visés, son effort se portant sur la description dramatisée d'un comportement, pour le saisir au vif, sans forcément le nommer. Tout se passe alors comme si le lecteur avait la possibilité d'inventer la leçon du texte. Mais il n'en est rien. En ce qui concerne La Bruyère, la forme des remarques s'intègre bien dans une stratégie qui postule le cheminement intellectuel du lecteur : ce dernier lit la remarque puis doit peu à peu en dégager le vice que La Bruyère a visé. Cependant, ce processus se déroule sans réelle liberté du lecteur, puisqu'il s'agit en fait de prolonger la remarque afin d'en expliciter intérieurement la leçon suggérée. Autrement dit, la forme brève, au service d'une écriture dense et dramatisée plutôt que longuement théorique, suscite par là-même une interrogation chez son public. Apparaissant comme une peinture au vif, elle conduit fermement le lecteur à porter finalement un regard critique sur la société décrite et sur la conduite fustigée.

Ainsi la nécessité d'une forme nouvelle, pour aborder un monde renouvelé et conquérir les lecteurs, se révèle une opportunité pour le moraliste. Il s'adapte au goût de ses lecteurs en même temps que cette forme facilite la diffusion de sa pensée, quoique de manière indirecte et insinuante, en ce qui concerne La Bruyère.

3.

Les Mœurs de ce siècle : une critique chrétienne et des questionnements sociologiques

1. *Observer...*

C'est dans cette perspective que La Bruyère traite notamment « la cour » et « les grands ». Loin de parler seulement dans ces deux chapitres de la noblesse, il présente toute une population (dont des roturiers et de petits nobles) soucieuse de faire carrière et prise dans l'illusion des apparences, impliquée dans des liens d'interdépendance et de rivalité. La Bruyère observe les rites et l'arbitraire des promotions, l'étiquette, les jalousies, les égoïsmes et les trahisons que cela induit. Il évalue donc moins les tréfonds du cœur ou de la *psyché* qu'il ne critique une société, ses mécanismes de fonctionnement et le poids de l'appartenance sociale sur les comportements (par exemple : « Des biens de fortune », 34 ; « De la cour », 51 ; « De l'homme », 15).

Il est évident que La Bruyère possède sa propre représentation du monde social qu'il décrit. Il n'est ni révolutionnaire ni même progressiste : il se moque

de l'ascension rapide de ceux qu'on nomme des
«parvenus». Selon lui, il leur serait impossible de se
naturaliser, c'est-à-dire d'acquérir les codes et usages
des groupes sociaux auxquels ils accèdent. S'oppo-
sent un mode d'acquisition ancien et un mode tardif
et de surface. Se dessine ainsi une morale de la fixité :
chacun doit rester à sa place, parce que la mobilité
sociale est une illusion et qu'on y perd sa vie.

2. ... *et juger*

Cette illusion s'exprime au moyen de métaphores
liées à celle du commerce : *commercer* signifie alors *fré-
quenter* et *faire du commerce*. La société mondaine est
celle où, par excellence, la connaissance des gens
fait ou défait la fortune — destin et richesse. Mais
La Bruyère dénonce le pouvoir de l'argent («Des
biens de fortune», 47), et la fausse monnaie qui
régit le commerce des hommes fonctionne comme
un marché économique («Des grands» 26; «De la
cour», 6, 66 ct 74), produisant ses propres valeurs,
avec le danger persistant d'attributions fausses,
hypertrophiées et des confusions sur ce qui est bon
ou non. En arrière-fond de tout cela, il y a une vision
chrétienne, pleine de soupçon à l'égard de l'*honnêteté*, de la civilité, supposées régir la vie de la cour,
des grands et de leur entourage, notamment en les
poussant à la dissimulation par intérêt :

> L'honnête homme tient le milieu entre l'habile
> homme et l'homme de bien, quoique dans une dis-
> tance inégale de ces deux extrêmes.
> La distance qu'il y a de l'honnête homme à l'habile
> homme s'affaiblit de jour à autre, et est sur le point
> de disparaître.

> L'habile homme est celui qui cache ses passions,
> qui entend ses intérêts, qui y sacrifie beaucoup de
> choses, qui a su acquérir du bien ou en conserver
> («Des jugements», 55).

La Bruyère reproche à ses personnages d'oublier la morale chrétienne et de se perdre dans la vie mondaine et la vaine exaspération des rivalités, alors même que l'existence qu'ils mènent est soumise aux apparences les plus trompeuses. La société mondaine apparaît comme un lieu d'aliénation et d'oubli des valeurs chrétiennes défendues par La Bruyère. Le dernier chapitre des *Caractères*, «Des esprits forts», est d'ailleurs une longue condamnation des libertins, qui sont agnostiques et parfois profondément opposés au christianisme, dont La Bruyère se fait comme le porte-drapeau.

La Bruyère ne se contente donc pas de décrire des caractères ou des tempéraments. Les individus sont saisis dans un tissu de relations. Par là, il est dans un lien complexe avec son modèle Théophraste. D'un côté, il reconnaît l'importance et la valeur de son prédécesseur, de l'autre, il affirme composer de «nouveaux caractères», rappelant que le sous-titre de son ouvrage comporte une précision d'importance : *Les Caractères ou les Mœurs de ce siècle*. Théophraste n'a composé que vingt-huit caractères, alors qu'on ne compte pas moins de mille cent vingt remarques dans la huitième édition de l'œuvre de La Bruyère. Si le cadre a été posé par le philosophe grec, le décryptage minutieux «des mœurs de ce siècle» appartient à La Bruyère. Son optique est pour une part sociale : il s'agit de saisir les individus en action dans leur milieu d'origine ou dans celui qu'ils visent à atteindre. Alors que La Rochefoucauld dénonce dans une perspective janséniste l'amour-propre qu'il tient pour le moteur de toutes nos actions, La Bruyère s'en prend aux comportements en société et aux snobismes. Ceux-ci révèlent en fait que l'individu se perd sous l'effet des contraintes sociales. La société des grands et de la cour, de ce point de vue, est des plus nocives puisqu'on y cultive le règne des apparences et que la lutte pour un certain statut social est d'une dérisoire précarité (un grand peut changer d'avis, trahir quelqu'un, etc.) et fugacité (la vie est brève).

Plus que tout autre moraliste, La Bruyère est sensible à l'effet de dissolution exercé par l'univers social sur l'individu. Les *mœurs de ce temps* sont celles de la servilité et de l'imitation de l'autre, pour lui ressembler, pour faire croire qu'on est comme lui, et tenter ainsi d'en imposer à un plus faible.

La tâche du moraliste est de faire tomber les masques et de rappeler la vanité de ce théâtre de marionnettes.

Pour prolonger la réflexion

Roland BARTHES, « La Bruyère » (1963), *Essais critiques*, dans *Œuvres complètes*, Paris, Seuil, t. II, 2002, p. 473-487.

Paul BÉNICHOU, *Morales du Grand Siècle* (1948), Paris, Gallimard, « Folio essais », 1988.

Pierre BOURDIEU, *La Distinction. Critique sociale du jugement*, Paris, Minuit, « Le Sens commun », 1979.

Françoise CHARLES-DAUBERT, *Les Libertins en France au XVIIe siècle*, Paris, PUF, « Philosophies », 1998. *Moralistes du XVIIe siècle. De Pibrac à Dufresny*, éd. Jean Lafond, Paris, Robert Laffont, « Bouquins », 1992.

Henri-Jean MARTIN, *Livre, pouvoirs et société à Paris au XVIIe siècle* (1969), Genève, Droz, « Titre courant », 1999, 2 vol.

Bérengère PARMENTIER, *Le Siècle des moralistes*, Paris, Seuil, « Points essais inédit », 2000.

Genre et registre

Le *caractère* en question

QUOIQUE LA BRUYÈRE ait intitulé son livre *Caractères*, il dit avoir écrit des *remarques*, et qu'il s'est attaché à *remarquer* les mœurs de son temps. Comment comprendre cette double appellation ?

1.

Caractère et remarque

1. *Le caractère au risque des clés*

Le *caractère* est à la croisée de la philosophie morale, de l'anthropologie et de la description psychologique et physiologique. Sous l'effet de la traduction latine des *Caractères* de Théophraste par Casaubon, à la fin du XVIᵉ siècle, il s'affirme comme genre littéraire (l'Anglais Joseph Hall fait paraître ses *Characters of Virtues and Vices* en 1608, Urbain Chevreau fait imprimer *L'École du sage ou Les Caractères des vertus et des vices* en 1646, etc.). Pour Théophraste, il s'agit de décrire les traits distinctifs de types d'individu limités en nombre : le philosophe grec, qui a aussi réalisé des classifications de plantes et d'animaux, qui est donc spécialiste de taxinomie, n'envisage que vingt-huit caractères. Ce sont des descriptions de *types* : le flatteur, le dissimulateur, le grand parleur, l'avare, l'effronté… Mais, à la différence de La Bruyère, il n'entend pas produire d'effet moral auprès de son lecteur. Il s'agit davantage d'approfondir la connaissance du genre humain par le biais de descriptions. Les émules de Théophraste vont ainsi ajouter au *caractère* sa dimension morale en y apportant une complexité et une minutie nouvelles, fondements d'une exploration beaucoup plus approfondie des humains.

Par ailleurs, si Théophraste s'efface derrière sa typologie, La Bruyère fait apparaître dans son texte un *je*, entretient de feints dialogues entre ce *je* et les lecteurs, même si cette instance d'énonciation n'est pas forcément attribuable à l'auteur des *Caractères*. À l'apparente neutralité du philosophe grec La Bruyère répond par une implication aux contours personnels qui pousse d'aucuns à penser qu'il ne vise pas les humains en général mais certaines personnalités en particulier : quelques-uns de ses personnages ont été identifiés par les contemporains de La Bruyère qui ont lu *Les Caractères* comme un ouvrage à clés, comme s'il était codé de telle sorte qu'un public averti fût en mesure de reconnaître, derrière un nom inventé par exemple, une personne réelle. Des clés, c'est-à-dire des listes systématiques d'attributions d'identités aux personnages des *Caractères*, circulaient en nombre (la première à être imprimée fut sans doute, en 1697, la *Clé du livre intitulé « Les Caractères ou Les Mœurs de ce siècle »*, *9ᵉ et dernière édition, par Mr. de la Bruyère, de l'Académie française*; de plus, certaines éditions hollandaises et françaises

au XVIIIe siècle accompagnent le texte d'une clé) ;
La Bruyère y réagit en déclarant dans son *Discours de
réception à l'Académie française* que ces lectures sont
infondées :

> J'avais pris la précaution de protester dans une pré-
> face contre toutes ces interprétations, que quelque
> connaissance que j'ai des hommes m'avait fait pré-
> voir, jusqu'à hésiter quelque temps si je devais
> rendre mon livre public […]. Mais puisque j'ai eu la
> faiblesse de publier ces *Caractères*, quelle digue élè-
> verai-je contre ce déluge d'explications qui inonde
> la ville, et qui bientôt va gagner la cour ? […] Qu'on
> me permette ici une vanité sur mon ouvrage : je
> suis presque disposé à croire qu'il faut que mes
> peintures expriment bien l'homme en général,
> puisqu'elles ressemblent à tant de particuliers, et
> que chacun y croit voir ceux de sa ville ou de sa pro-
> vince. J'ai peint à la vérité d'après nature, mais je
> n'ai pas toujours songé à peindre celui-ci ou celle-là
> dans mon livre des *Mœurs*.

Malgré ces protestations, La Bruyère est ambigu :
certains de ses personnages sont en effet vraisemblablement inspirés de personnes qu'il a côtoyées, et il
a laissé délibérément à ses lecteurs la possibilité
d'une telle lecture, allant même jusqu'à la suggérer.
Dans « De la cour », 96, par exemple, Straton figurait
un favori de Louis XIV. Mais, naturellement, il ne
faut pas pour autant rechercher dans toute l'œuvre
une identification systématique et exhaustive des
protagonistes. Cela nuirait à la diversité d'applica-
tions à laquelle aspire le moraliste : ses caractères
visent une logique des comportements avant de viser
tel ou tel individu.

Ce décryptage sous la surface du texte instaure
pour ce lectorat spécifique une coïncidence entre

un mode de lecture où le texte possède une portée générale et un mode de lecture où il n'a qu'une portée particulière, visant tel ou tel personnage identifiable par une partie des lecteurs. Or, en augmentant progressivement la proportion des portraits dans *Les Caractères*, La Bruyère a contribué à entretenir le doute chez ses lecteurs, malgré d'autres affirmations relatives, celles-là, à son ambition de «peindre l'homme en général». Autrement dit, ses caractères modifient la manière de lire ce genre de textes. D'où une interrogation sur la nature même de la remarque.

2. *La remarque*

Celle-ci prend des aspects si divers qu'il n'est pas possible de la définir par sa forme (cette brièveté est elle-même relative puisque les remarques oscillent entre deux lignes et parfois plus d'une page). Pour La Bruyère, *remarquer* signifie transcrire une expérience et ce qu'elle inspire, afin que cette transcription puisse servir par la suite. Celui qui *remarque* les choses, les gens ou quoi que ce soit d'autre, les consigne pour que le lecteur en tire bénéfice. Il ne s'agit donc pas seulement de décrire pour approfondir la connaissance, mais aussi de décrire et de commenter, ou de laisser entendre son point de vue, afin de mettre en perspective le savoir du lecteur en l'incitant à s'interroger sur ses propres comportements : «Je consens [...] que l'on dise de moi que je n'ai pas quelquefois bien remarqué, pourvu que l'on remarque mieux.»

En cela, l'hétérogénéité de la remarque est parfaitement adaptée : sans modèle net dans l'histoire des pratiques d'écriture, sans forme arrêtée ni registre qui lui serait propre, elle se définit par sa plasticité. Elle donne à La Bruyère la liberté de décrire, de raconter, de mettre en scène de la manière qu'il l'entend, elle ne le contraint à aucune forme d'expression. Corrélativement, sa relative brièveté et son aspect de discussion badine lui évitent le risque de donner l'impression qu'il cherche à sermonner son lecteur.

Retrouvant pour le plaisir de son public de mondains, dans la diversité de son ouvrage, le fonctionnement capricieux et souple de la conversation (interruptions, rappels d'un sujet, passage inattendu d'un sujet à l'autre, etc.), La Bruyère exploite la variété de la remarque. Celle-ci peut être un conte bref (« Des femmes », 81), un fragment, un dialogue… Ce qui semble la caractériser le mieux, c'est l'effet de discontinuité qu'elle produit : les imprimeurs de La Bruyère ont eu recours à partir de 1689 à un signe de typographie, le pied de mouche : ¶, pour indiquer au lecteur chaque remarque. Ce ne sont pas des sauts de ligne qui signalent le changement, mais ces signes inhabituels. La disposition typographique est donc importante. Lues à la suite les unes des autres, les remarques se présentaient, à l'origine, comme un seul texte que les pieds de mouche avaient pour but d'organiser, comme s'il s'agissait de signaler une nouvelle prise de parole dans une discussion imaginaire, ou plutôt un nouveau sursaut de la pensée de l'auteur, la discontinuité d'une parole vive.

Plus pénétrante que le caractère à la manière de Théophraste, la remarque permet aussi de séduire le lecteur tout en insinuant, grâce au spectacle montré, une critique radicale. Ainsi, La Bruyère n'a pas besoin de dire que Lucile est arriviste («De la cour», 14). Soutenue par une réflexion à propos du poids des appartenances sociales sur les individus, la variété des situations et des manières de les énoncer suffit à mettre en lumière les faux-semblants et les vices qui animent les hommes. Dans cette perspective, la remarque 66 du chapitre «Des jugements» semble même parler de La Bruyère et de ses *Caractères* :

> On a dit de Socrate qu'il était en délire, et que c'était un fou tout plein d'esprit; mais ceux des Grecs qui parlaient ainsi d'un homme si sage passaient pour fous. Ils disaient : «Quels bizarres portraits nous fait ce philosophe! quels mœurs étranges et particulières ne décrit-il point! où a-t-il rêvé, creusé, rassemblé des idées si extraordinaires? quelles couleurs! quel pinceau! ce sont des chimères.» Ils se trompaient : c'étaient des monstres, c'étaient des vices, mais peints au naturel; on croyait les voir, ils faisaient peur. Socrate s'éloignait du cynique; il épargnait les personnes, et blâmait les mœurs qui étaient mauvaises.

2.

Une énonciation instable et distanciée

N'appartenant pas au clergé, n'étant pas philosophe non plus, La Bruyère souffre *a priori* d'un déficit de légitimité pour tenir une posture de moraliste : quel statut a-t-il pour dire ce qu'il dit, et de la manière qu'il le dit? Qu'est-ce qui l'autorise à critiquer ainsi? Comment, alors, convaincre le lecteur de la pertinence et de la recevabilité de son ouvrage?

Certes, il l'a fait paraître chez un imprimeur libraire réputé et spécialisé dans les ouvrages de spiritualité religieuse, ce qui lui donnait un certain poids. Mais ce n'est pas suffisant. C'est par son style que La Bruyère assoit son autorité.

Il est délicat d'établir qui dit *je* dans *Les Caractères*, qui parle. S'agit-il de La Bruyère lui-même ? Sans doute pas : les remarques relèvent de la fiction. C'est bien plutôt une figure que son écriture invente. Qu'il se présente comme le témoin d'un événement, qu'il s'adresse au lecteur ou qu'il ait une valeur générale, ce *je* est un procédé destiné à rendre la lecture à la fois plaisante et convaincante. Il crée en effet une forme de connivence entre le sujet de l'énonciation et le lecteur : ce dernier est tantôt l'auditeur privilégié d'un sujet qui s'exprime (se reporter à «De la cour», 32, 33, 58, 84 ; «Des grands», 13, 34, 40) ; tantôt interpellé directement («De la cour», 17, 19, 50 ; «Des grands», 2, 20, 37) ; tantôt enfin, il est comme saisi en même temps que le sujet de l'énonciation dans un collectif, *on* ou *nous*, qui l'englobe et semble le contraindre à donner son assentiment à ce qu'il lit («De la cour», 17, 22, 26, 57, 95 ; «Des grands» 16, 33). Ces procédés favorisent l'impression familière de conversation à bâtons rompus que veut donner La Bruyère. Mais il est évident qu'ils produisent seulement une fiction d'interlocution, comme un dialogue dont on aurait retiré le nom des personnages. Ainsi, à qui assigner la remarque suivante : «Il n'y a point au monde un si pénible métier que celui de se faire un grand nom : la vie s'achève que l'on a à peine ébauché son ouvrage » ? («Du mérite personnel», 9). La Bruyère parle-t-il pour lui-même ? Raille-t-il la vie misérable de ceux qui veulent arriver ?

S'agit-il d'une plainte, d'une forme de compassion pour ceux qui courent après gloire et réussite ? Peut-être tout cela à la fois.

La Bruyère brouille encore davantage l'origine de son texte. Il conclut l'une de ses remarques par une pirouette déconcertante qui contredit le pouvoir auctorial qu'il pourrait avoir : il affirme (« Des jugements », 91) que l'ensemble de nos jugements et des avis que nous émettons se définit par leur « incertitude » ; nos jugements sont par essence contestables, non pertinents. Autrement dit, il met en doute la possibilité d'énoncer des jugements sur les hommes, ce qui implique son propre ouvrage. La Bruyère complexifie ainsi la lecture : il s'y montre présent tout en sapant la légitimité de sa présence.

Enfin, l'antiphrase est une ressource redoutable : « Il n'y a rien à la cour de si méprisable et de si indigne qu'un homme qui ne peut contribuer en rien à notre fortune : je m'étonne qu'il ose se montrer » (« De la cour », 23). Bien qu'il stigmatise l'intérêt — qui mène les courtisans —, son texte semble adopter leur point de vue.

Présent partout, mais difficilement perceptible, l'auteur des *Caractères* est, toutes proportions gardées, une sorte de montreur de monstres, le régisseur d'un spectacle où il n'apparaît pas. C'est peut-être de cette absence-présence que relève son autorité. Nul besoin d'affirmer quoi que ce soit, nul besoin de se prévaloir d'une quelconque légitimité. Car le spectacle présenté dans les remarques, souvent ridicule et burlesque, suffit souvent à en exprimer le sens.

3.

Le comique en acte :
rire et amertume

Tels des pantins grotesques sur la scène des *Caractères*, les personnages de La Bruyère semblent inlassablement reproduire, parmi les grands et à la cour, les mêmes comportements, animés des mêmes vices. Ce sont autant leurs travers que la misère de leur existence qui se dégagent du livre. Les personnages étant généralement saisis en pleine action, on comprend que La Bruyère s'intéresse moins à leur intériorité qu'à leur comportement. Comme au théâtre, ce sont l'action et les discours qui les construisent pour le public.

Du point de vue du moraliste, la quête de la réussite et du succès, qu'il nomme souvent « fortune », n'est que vanité et perte de temps qui révèlent la mesquinerie des hommes. L'oubli que l'existence terrestre chrétienne doit être consacrée à la préparation de la vie d'après la mort est une sorte de sacrilège absurde (on lira à profit « Des esprits forts »). Or les gens de la cour et les grands sont animés par le souci de faire bonne figure auprès de plus grands qu'eux afin d'en obtenir diverses faveurs, mais ils aspirent aussi à éliminer de la course à la reconnaissance sociale leurs égaux, leurs amis ou leurs inférieurs. La Bruyère les représente entièrement mobilisés par cette compétition, voués à jouer toujours la comédie, à dissimuler afin de ne pas fâcher ou de ne pas dévoiler leurs plans. À l'absurdité morale que le chrétien condamne se joint donc une absurdité factuelle qui procède d'une forme de vie mécanisée que le style coupé a pour fin de restituer (par exemple : « De la cour », 15, 22, 42 ; « Des grands », 48).

Les personnages de La Bruyère sont comme des pantins ridicules et pathétiques. Prisonniers d'une vie sociale écrasante et destructrice, ils en acceptent jusqu'à la caricature la tyrannie dans l'espoir d'obtenir de la reconnaissance et d'en imposer à de plus faibles. Prêts à tout pour donner d'eux une image valorisante, ils sont en scène en permanence. Des nombreuses saynètes décrites par La Bruyère ressort, comble de l'absurdité, que ses personnages acceptent, et vont jusqu'à aimer, les concessions et le jeu qu'ils jouent. Préférant être crus plutôt que d'être sincères (« De la cour », 16, 20, 78, 82, 96), ils mentent, trahissent les leurs, acceptent la corruption, dissimulent à toutes fins, et se perdent. En somme, ils abdiquent devant la loi sociale de la cour et parmi les grands, mais aussi dans les différents milieux dépeints par La Bruyère.

Ainsi, sous le comique et le ridicule, se cache une critique véritable, acerbe et un peu amère : La Bruyère observe une perdition absurde dans ses manifestations et ses motifs. Le comique fait donc surgir aussi la misère des hommes.

Pour prolonger la réflexion

Roland BARTHES, « Littérature et discontinu » (1962), *Essais critiques*, dans *Œuvres complètes*, Paris, Seuil, t. II, 2002, p. 430-441.

Élisabeth BOURGUINAT (dir.), *Les Parisiens de La Bruyère*, Paris, Bibliothèque historique de la Ville de Paris, 1996.

Bérengère PARMENTIER, « La Bruyère et les *Caractères* », dans *Le Siècle des moralistes*, Paris, Seuil, « Points essais », 2001.

Gilles SIOUFFI, « Parler, écrire : La Bruyère analyste d'une disproportion », dans *La Bruyère. Le métier du moraliste*, Actes du colloque pour le tricentenaire de la mort de La Bruyère (Paris, 8-9 novembre 1996), textes recueillis par J. Dagen, E. Bourguinat et M. Escola, Paris, Champion, « Moralia », 2001, p. 59-69.

L'écrivain
à sa table de travail

Éléments de génétique
pour *Les Caractères*

LES NEUF ÉDITIONS des *Caractères* revues, corrigées, augmentées par La Bruyère indiquent un succès certain et la nécessité de satisfaire l'attente du public en renouvelant l'ouvrage : ainsi, dans la huitième édition, le dessin d'une main, en marge du texte, révélait au lecteur les additions, signe de l'attente et de l'intérêt manifestés par le public. Cela montre aussi que cette œuvre, commencée sans doute entre 1670 et 1680, a occupé son auteur pendant plus de vingt ans, jusqu'à la veille de sa mort en 1696. C'est donc, d'une certaine façon, l'œuvre de sa vie, qu'il n'a abandonnée que dans les derniers mois de son existence, quand il se consacrait à un ouvrage qui parut à titre posthume, les *Dialogues sur le quiétisme* (1698).

1.

Les Caractères : un chantier permanent

C'est un métier que de faire un livre comme de faire une pendule (« Des ouvrages de l'esprit », 3).

> Entre toutes les différentes expressions qui peuvent
> rendre une seule de nos pensées, il n'y en a qu'une
> qui soit la bonne. On ne la rencontre pas toujours
> en parlant ou en écrivant; il est vrai néanmoins
> qu'elle existe, que tout ce qui ne l'est point est
> faible, et ne satisfait point un homme d'esprit qui
> veut se faire entendre (*idem*, 17).

> Tout écrivain, pour écrire nettement, doit se mettre
> à la place de ses lecteurs, examiner son propre
> ouvrage comme quelque chose qui lui est nouveau,
> qu'il lit pour la première fois, où il n'a nulle part, et
> que l'auteur aurait soumis à sa critique; et se per-
> suader ensuite qu'on n'est pas entendu seulement
> à cause que l'on s'entend soi-même, mais parce
> qu'on est en effet intelligible (*idem*, 56).

Ce petit florilège de citations du premier chapitre
des *Caractères* indique combien La Bruyère prenait sa
tâche d'écrivain au sérieux et avec les plus hautes exigences à son propre égard : assimilé à une pendule
minutieusement réglée, régulièrement révisée, objet
d'un travail d'expression pour trouver enfin celle qui
restitue le mieux la pensée, afin d'être « intelligible »,
le livre de La Bruyère se devait d'être ciselé, et sans
cesse retravaillé d'une édition à l'autre. La netteté
s'obtient au prix d'une écriture en mouvement.

Les neuf éditions des *Caractères* revues par
La Bruyère se succèdent ainsi les unes aux autres : les
trois premières datent de 1688 ; les quatre suivantes
sortent chaque année entre 1689 et 1692 ; les deux
dernières paraissent en 1694 et 1696. Les modifications apportées aux différentes éditions sont innom-
brables, de natures très diverses, avec des effets
évidemment variés. C'est à partir de la quatrième édition, soit moins d'une année après la première, que

La Bruyère procède aux premières additions de remarques. Si la première édition comporte 413 remarques, la quatrième en donne 764, on en trouve 997 en 1691 dans la sixième édition, et 1 120 dans la neuvième. Le nombre de remarques est ainsi allé croissant, le volume de certains chapitres doublant même d'une édition à l'autre (« Des esprits forts », entre 1691 et 1692), voire triplant (« De la mode » entre 1690 et 1691).

La neuvième édition parue un peu après sa mort comporte quant à elle seulement des corrections. Il est probable qu'occupé par la rédaction de ses *Dialogues sur le quiétisme*, il n'a plus souhaité se consacrer aux *Caractères*.

Outre les ajouts de remarques, La Bruyère en réunit certaines qui étaient auparavant distinctes, les fragmente ou les complète par l'ajout d'un alinéa, les déplace au sein d'un même chapitre ou d'un chapitre à l'autre, réunit des alinéas auparavant distincts. Il ne faut pas sous-estimer l'importance de ce travail d'auteur sur son texte, ni négliger son souci permanent de produire des effets de sens nouveaux et plus précis.

Ainsi, La Bruyère n'a eu de cesse de se remettre à l'ouvrage, en réorientant graduellement le sens, à quelque échelle que ce soit : celle de l'alinéa, celle de la remarque, celle du chapitre et de son titre, ou celle de l'ouvrage entier.

Parmi les nombreux changements, on remarque par exemple que le livre apparaît de plus en plus misogyne, de plus en plus critique à l'égard de la curiosité, et que le sujet de l'énonciation se manifeste de plus en plus. Le chapitre X, qui s'intitule d'abord « Du souverain » (première édition), est devenu « Du

souverain et de la république » (quatrième édition),
puis « Du souverain ou de la république » (éditions
suivantes) : en apportant ces modifications au titre
de son chapitre, La Bruyère a atténué l'impact critique initial qui portait sur le seul souverain et l'a
prudemment déplacé, sous l'effet de l'alternative.
Enfin, le chapitre « De la cour » se terminait dans les
premières éditions sur l'actuelle remarque 43, tandis
que celle qui le clôt désormais, plus prudente, n'était
que la quarante et unième. Mais, vu le nombre et la
variété des modifications apportées par La Bruyère à
son ouvrage, il est délicat d'établir une cohérence
dans son travail de réécriture : l'écriture en mouvement est un obstacle à la stabilité complète du discours. Elle témoigne sans doute de la volonté de
l'auteur de toujours améliorer la manière et la
matière de son ouvrage.

2.

L'organisation des *Caractères*?

Il est difficile d'affirmer que l'organisation des
Caractères est soumise à un projet démonstratif qui
s'organiserait à l'échelle de l'enchaînement des chapitres, ou que le travail permanent de La Bruyère
était voué à mettre en place un raisonnement qui se
serait constitué du premier au dernier chapitre, en
fonction d'un ordre méthodiquement établi. L'évolution constante de l'œuvre semble même indiquer
le contraire. Or La Bruyère n'a jamais retouché à
l'ordre de ses chapitres, comme s'il s'était donc agi
de préserver, malgré toutes les modifications appor-

tées, un ordre secret ou, du moins, dont le lecteur
se doit de découvrir la logique. Il le laisse d'ailleurs
entendre, dans un ajout apporté à sa préface dans la
huitième édition :

> [...] ce sont les caractères ou les mœurs de ce siècle
> que je décris : [8e édition] car bien que je les tire
> souvent de la cour de France et des hommes de ma
> nation, on ne peut pas néanmoins les restreindre à
> une seule cour ni les renfermer en un seul pays,
> sans que mon livre ne perde beaucoup de son éten-
> due et de son utilité, ne s'écarte du plan que je me
> suis fait d'y peindre les hommes en général, comme
> des raisons qui entrent dans l'ordre des chapitres,
> et dans une certaine suite insensible des réflexions
> qui les composent.

Voici l'ordre des chapitres des *Caractères* : « Des
ouvrages de l'esprit », « Du mérite personnel », « Des
femmes », « Du cœur », « De la société et de la
conversation », « Des biens de fortune », « De la
ville », « De la cour », « Des grands », « Du souverain
ou de la république », « De l'homme », « Des jugements », « De la mode », « De quelques usages »,
« De la chaire », « Des esprits forts ». L'hypothèse la
plus vraisemblable relative à l'économie du livre se
fonde sur les deux derniers chapitres : ce serait une
démonstration chrétienne, animée par le souci de
dénoncer la vanité de l'existence mondaine, sa théâtralité grotesque et la dissolution des hommes qui s'y
opère, les chapitres XV et XVI traitant de religion et
condamnant les libertins. Il est toutefois très délicat
de trancher sans prendre le risque de trahir un éven-
tuel projet d'ensemble que La Bruyère a seulement
suggéré, sans jamais dévoiler le fond de sa pensée.
Sans doute est-il assez logique que le premier

chapitre soit dédié aux «Ouvrages de l'esprit», l'auteur précisant en ouverture ses conceptions intellectuelles et artistiques. De même, l'enchaînement qui va des femmes à la société et à la conversation *via* le cœur (III-V) semble logique : les femmes appellent les questions d'amour et d'amitié qui évoquent à leur tour la vie mondaine et la conversation. Des femmes au souverain (III-X), il y a une forme d'ascension dans le domaine social. Mais le souverain, supposé corriger les défauts évoqués auparavant et assurer une harmonie sociale dont les chapitres précédents ont montré qu'elle n'existait pas est en fait la cible de critiques. La Bruyère se concentre alors sur l'homme, foyer de tous les maux et l'observe en diverses situations, par une nouvelle ascension qui le mène à la religion (XI-XVI) *via* les jugements, la mode et les usages. *Les Caractères* semblent donc bien composés, agencés selon une logique démonstrative et discrète. Mais cela implique une lecture suivie de l'ouvrage, ce que rien ne garantit, compte tenu du mode d'écriture adopté par La Bruyère.

3.

«Des grands» et «De la cour» : deux chapitres centraux

Les chapitres consacrés aux «grands» et à la «cour» se situent approximativement au centre du recueil. Ils constituent un arrêt sur un univers social particulier : celui des lecteurs, qui est aussi celui des classes dominantes, que La Bruyère a pu observer de manière privilégiée ; c'est aussi une société consciente de la domination sociale qu'elle exerce et des imitations qu'elle suscite. Ils sont placés entre la « ville », qui est le lieu du peuple et de la bourgeoisie, et « Du souverain ou de la république », dernier degré de l'échelle sociale ainsi esquissée : les grands sont les aristocrates, la noblesse, tandis que la cour renvoie au lieu où habite le roi, mais peut aussi désigner ses ministres, sa suite, et, dans la mesure où Louis XIV a été échaudé par la révolte d'aristocrates au cours de la Fronde (1648-1653), une grande partie de la haute noblesse du pays, que le roi a souhaité voir vivre à Versailles, non loin de lui et sous son contrôle.

Nos deux chapitres n'ont cessé de s'allonger d'une édition à l'autre, doublant presque l'un et l'autre dans la quatrième édition. Leurs croissances ne sont pas identiques : celle de la « cour » est à peu près constante alors que celle des « grands » s'est stabilisée dès la sixième édition. Surtout, La Bruyère y a ajouté de nombreux portraits, ce qui diminuait la proportion de maximes. L'effet « galerie » en a été accentué.

ÉDITION	I-III	IV	V	VI	VII	VIII-IX
« De la cour »	39	63	76	87	96	101
« Des grands »	19	37	44	55	56	56
Nombre total de remarques	420	764	924	997	1 073	1 120

Le plus intéressant est sans doute dans le détail même de l'évolution des chapitres et la réécriture des remarques. L'auteur y apparaît au travail, dévoilant, çà et là, la recherche d'un effet ou une intention (nuancer, préciser sa pensée, etc.).

La remarque 29 du chapitre « De la cour » contient deux alinéas, le premier datant de la septième édition (1692), le second de la sixième (1691). Autrement dit, La Bruyère a ajouté celui qui figure désormais en première position après que l'autre a constitué, seul, une remarque en 1691.

> (VII) Les courtisans n'emploient pas ce qu'ils ont d'esprit, d'adresse et de finesse pour trouver les expédients d'obliger ceux de leurs amis qui implorent leur secours, mais seulement pour leur trouver des raisons apparentes, de spécieux prétextes, ou ce qu'ils appellent une impossibilité de le pouvoir faire ; et ils se persuadent d'être quittes par là en leur endroit de tous les devoirs de l'amitié ou de la reconnaissance.
>
> (VI) Personne à la cour ne veut entamer ; on s'offre d'appuyer, parce que, jugeant des autres par soi-même, on espère que nul n'entamera, et qu'on sera ainsi dispensé d'appuyer : c'est une manière douce et polie de refuser son crédit, ses offices et sa médiation à qui en a besoin.

En 1691, cette remarque met l'accent sur la prudence égoïste du courtisan : afin d'éviter qu'on le sollicite pour quoi que ce soit, il offre son soutien, espérant qu'on le refusera. La Bruyère souligne ironiquement la délicatesse et la politesse que manifeste un tel comportement puisqu'il consiste à « refuser son crédit, ses offices et sa médiation à qui en a besoin. » Autrement dit, dans une société pervertie comme l'est celle de la cour, et la politesse empêchant de solliciter de l'aide, proposer son service se fait à peu de frais, puisqu'on sait que ce sera refusé, et pour un retour de bénéfices : on passe pour généreux sans l'être le moins du monde. En 1692, ce nouvel alinéa insiste sur le détournement, par les courtisans, de l'esprit, de l'adresse et de la finesse. Au lieu d'être mises au service de l'entraide, ces qualités servent à trouver diverses manières de refuser une demande d'aide. La Bruyère propose donc deux scénarios distincts : soit le courtisan s'arrange pour refuser l'aide qu'on lui demande, soit il la propose en sachant qu'on ne l'acceptera pas. Ainsi, dans la nouvelle configuration en diptyque, il offre une représentation plus complète qu'à l'origine, mais aussi plus amère : la fraternité et la solidarité sont des sentiments inenvisageables à la cour, et le lecteur constate que l'égoïsme prend inexorablement le masque de la politesse.

La Bruyère porte un regard critique sur la dissimulation omniprésente à tous les degrés dans la vie mondaine. Pour lui, l'entourage des grands, d'une part, et la cour, d'autre part, sont des lieux où se concentrent spectaculairement les vices traqués par le moraliste, alors qu'on serait en droit d'attendre au contraire qu'on y trouve des exemples, « noblesse oblige ». Ce sont les lieux de la dissimulation consentie et parfois contrainte, puisqu'il faut protéger ses intérêts, souvent en cachant ce que l'on pense pour parvenir à ses fins. Contrairement aux traités de civilité, qui prônent l'honnêteté — dont la dissimulation, considérée comme attitude de prudence raisonnée, moyen d'obtenir ce que l'on veut sur le théâtre du monde, est le principal constituant — le moraliste la condamne pour l'ensemble des artifices qu'elle implique. Les chapitres « De la cour » et « Des grands » sont donc ceux que La Bruyère consacre aux ravages de l'honnêteté. En les retravaillant continûment, il leur a apporté toujours plus d'acuité et de puissance corrosive.

Pour prolonger la réflexion

Marc ESCOLA, préface à Jean de La Bruyère, *« Les Caractères » de Théophraste traduits du grec avec « Les Caractères ou les Mœurs de ce siècle »*, éd. M. Escola, Paris, Champion, « Sources classiques », 1999.

Marc ESCOLA, « Rhétorique et discontinuité dans *Les Caractères* : pieds de mouche et sauts de puce », *Dalhousie French Studies*, *Réflexions sur le genre moraliste au dix-septième siècle*, XXVII, 1994, p. 5-29.

Gustave SERVOIS, appareil critique de Jean de La Bruyère, *Œuvres*, Paris, Hachette, « Grands Écrivains de la France », 1865-1879, 5 vol.

Emmanuel BURY, édition des *Caractères*, Paris, Livre de Poche, « Classique », 1995.

Pierre RONZEAUD, « Scénographie de l'ébranlement d'un monument idéologique : les avatars des lectures politiques du chapitre "Du souverain ou de la république" », dans *La Bruyère. Le métier du moraliste*, Actes du colloque international pour le tricentenaire de la mort de La Bruyère (Paris, 8-9 novembre 1996), textes recueillis par F. Bourguinat, J. Dagen et M. Escola, Paris, Champion, « Moralia », 2001, p. 83-93.

Groupement de textes

Le théâtre du monde

LE *THEATRUM MUNDI*, le «théâtre du monde», est, depuis l'Antiquité, une métaphore courante pour exprimer la vanité de l'existence humaine. Elle connut une grande actualité à la Renaissance et au XVIIᵉ siècle, notamment chez les moralistes et les dramaturges : La Bruyère (par exemple : «Des grands», 99 et «De la cour», 90), Montaigne (*Essais*, 1580-1595), La Rochefoucauld (*Réflexions ou Sentences et Maximes morales*, 1665-1678), Rotrou (*Le Véritable Saint Genest*, 1646), Calderón (*La Vie est un songe*, 1633, et *Le Grand Théâtre du monde*, 1645), mais aussi Cervantès (*Don Quichotte*, 1605-1615) et Shakespeare (*La Tempête*, 1611) recourent à ce lieu commun pour signifier que les hommes ne sont que de passage, s'agitent comme des pantins, n'ayant pour seule certitude que la mort les emportera, et vivent donc en permanence dans l'illusion.

Avec, d'une part, le développement de l'honnêteté comme code de comportement mondain et, d'autre part, la fixation de la société de cour à Versailles, la théâtralité devient comme un mode de vie dans les couches privilégiées de la société française (*État de la France en 1712*, Bénédictins de Saint-Maur) :

Le premier valet de chambre s'approche du lit du roi à qui il dit «Sire, voici l'heure» […]. Après le déjeuner, un valet de garde-robe apporte la chemise du roi, qu'il a chauffée s'il en est besoin. Le grand chambellan reçoit cette chemise du valet et la présente à Monseigneur le Dauphin pour la donner à Sa Majesté. En l'absence du Dauphin, les princes de sang la prennent des mains du valet à qui ils donnent à tenir leur chapeau, leurs gants et leur canne. Sitôt que la chemise lui a été donnée, le premier valet en tient la manche droite et le premier valet de garde-robe en tient la gauche.

Que l'existence fasse de l'homme un pantin sur une scène dont il ne maîtrise rien n'est plus seulement une réflexion métaphysique, c'est également une réalité sociale et politique, tout aussi sujette à la critique moraliste : les grands et leur entourage passent la plupart de leur temps à feindre et, parallèlement, le roi lui-même a fait de son existence au quotidien un spectacle dont la cour est le public. La critique moraliste du *theatrum mundi*, particulièrement pertinente dans *Les Caractères*, trouvait ainsi des échos dans des ouvrages qui proposaient d'autres interprétations.

Blaise PASCAL (1623-1662)

Pensées (1670, ouvrage posthume)

(Folio classique n° 2777)

Pascal dénonce l'imagination en tant qu'elle serait un facteur d'illusions de tous ordres. Puissance trompeuse, elle gouvernerait les hommes et les plongerait dans l'erreur et le mal : elle détournerait la raison du bien et du vrai sous l'influence des désirs qui prendraient le contrôle des

*hommes. Dès lors, l'imagination devient une explication
possible au règne des apparences dans la vie sociale où elle
exerce une forme de tyrannie.*

C'est cette partie dominante de l'homme, cette
maîtresse d'erreur et de fausseté, et d'autant plus
fourbe qu'elle ne l'est pas toujours ; car elle serait
règle infaillible de vérité, si elle l'était infaillible du
mensonge. Mais, étant le plus souvent fausse, elle
ne donne aucune marque de sa qualité, marquant
du même caractère le vrai et le faux.

Je ne parle pas des fous, je parle des plus sages ; et
c'est parmi eux que l'imagination a le grand don
de persuader les hommes. La raison a beau crier,
elle ne peut mettre le prix aux choses.

Cette superbe puissance, ennemie de la raison, qui
se plaît à la contrôler et à la dominer, pour montrer
combien elle peut en toutes choses, a établi dans
l'homme une seconde nature. Elle a ses heureux,
ses malheureux, ses sains, ses malades, ses riches,
ses pauvres ; elle fait croire, douter, nier la raison ;
elle suspend les sens, elle les fait sentir ; elle a ses
fous et ses sages : et rien ne nous dépite davantage
que de voir qu'elle remplit ses hôtes d'une satisfaction bien autrement pleine et entière que la raison.
Les habiles par imagination se plaisent tout autrement à eux-mêmes que les prudents ne se peuvent
raisonnablement plaire. Ils regardent les gens avec
empire ; ils disputent avec hardiesse et confiance ;
les autres avec crainte et défiance : et cette gaieté
de visage leur donne souvent l'avantage dans l'opinion des écoutants, tant les sages imaginaires ont
de faveur auprès des juges de même nature. Elle ne
peut rendre sages les fous ; mais elle les rend heureux, à l'envi de la raison qui ne peut rendre ses
amis que misérables, l'une les couvrant de gloire,
l'autre de honte.

Qui dispense la réputation ? qui donne le respect et
la vénération aux personnes, aux ouvrages, aux lois,
aux grands, sinon cette faculté imaginante ? Com-

bien toutes les richesses de la terre [sont] insuffisantes sans son consentement !

Ne diriez-vous pas que ce magistrat, dont la vieillesse vénérable impose le respect à tout un peuple, se gouverne par une raison pure et sublime, et qu'il juge des choses par leur nature sans s'arrêter à ces vaines circonstances qui ne blessent que l'imagination des faibles ? Voyez-le entrer dans un sermon où il apporte un zèle tout dévot, renforçant la solidité de sa raison par l'ardeur de sa charité. Le voilà prêt à l'ouïr avec un respect exemplaire. Que le prédicateur vienne à paraître, que la nature lui ait donné une voix enrouée et un tour de visage bizarre, que son barbier l'ait mal rasé, si le hasard l'a encore barbouillé de surcroît, quelque grandes vérités qu'il annonce, je parie la perte de la gravité de notre sénateur.

LA ROCHEFOUCAULD (1613-1680)

Réflexions ou Sentences et Maximes morales
(1665-1678)

(Folio classique n° 728)

Pour La Rochefoucauld, l'amour-propre, c'est-à-dire l'amour de soi, gouverne les hommes en toutes circonstances : les sentiments amicaux aussi bien qu'amoureux, notre conduite, modeste ou vertueuse, ont ce mobile commun. Le moraliste critique donc les masques portés à dessein, mais aussi les illusions dans lesquelles vivent les hommes, à leur insu, et prône une vertu dont la principale caractéristique serait la clairvoyance à son propre égard. Ses Maximes s'efforcent donc de faire tomber les masques, de dévoiler ce mobile secret et souvent irréfléchi qui rend les hommes mauvais. La métaphore théâtrale est d'ailleurs présente dans la dédicace de l'ouvrage : les hommes jouent des rôles en permanence, de sorte qu'on ne rencontrerait que des «personnages de théâtre». Or, «en levant un coin du rideau», ce qui est le rôle de l'œuvre du moraliste, on découvre «que cet amant et ce roi de la comédie sont les mêmes acteurs qui font le docteur et le bouffon dans la farce». Dans ces conditions, c'est l'ensemble des sentiments humains qui sont suspectés de n'être que poses de circonstances.

CCLXXV

Il est aussi ordinaire de voir changer les goûts qu'il est rare de voir changer les inclinations.

CCLXXVI

L'intérêt donne toutes sortes de vertus et de vices.

CCLXXVII

L'humilité n'est souvent qu'une feinte soumission que nous employons pour soumettre effectivement tout le monde ; c'est un mouvement de l'orgueil, par lequel il s'abaisse devant les hommes pour s'élever sur eux ; c'est un déguisement, et son premier stratagème ; mais quoique ces changements soient presque infinis, et qu'il soit admirable sous toutes sortes de figures, il faut avouer néanmoins qu'il n'est jamais si rare ni si extraordinaire que lorsqu'il se cache sous la forme et sous l'habit de l'humilité ; car alors on le voit les yeux baissés, dans une contenance modeste et reposée ; toutes ses paroles sont douces et respectueuses, pleines d'estime pour les autres et de dédain pour lui-même ; si on l'en veut croire, il est indigne de tous les honneurs, il n'est capable d'aucun emploi, il ne reçoit les charges où on l'élève que comme un effet de la bonté des hommes, et de la faveur aveugle de la fortune. C'est l'orgueil qui joue tous ces personnages que l'on prend pour l'humilité.

CCLXXVIII

Tous les sentiments ont chacun un ton de voix, un geste et des mines qui leur sont propres ; ce rapport bon, ou mauvais, fait les bons, ou les mauvais, comédiens, et c'est ce qui fait aussi que les personnes plaisent ou déplaisent.

CCLXXIX

Dans toutes les professions, et dans tous les arts, chacun se fait une mine et un extérieur qu'il met en la place de la chose dont il veut avoir le mérite, de sorte que tout le monde n'est composé que de mines, et c'est inutilement que nous travaillons à y trouver rien de réel.

La cause principale à cette vaste comédie de dupes est l'amour-propre, dépeint comme un être animé, omniprésent et omnipotent. Il est le mobile de la théâtralité mondaine, de ce règne du factice que critique le moraliste.

Maximes retranchées après la première édition

I

L'amour-propre est l'amour de soi-même, et de toutes choses pour soi ; il rend les hommes idolâtres d'eux-mêmes, et les rendrait les tyrans des autres si la fortune leur en donnait les moyens ; il ne se repose jamais hors de soi, et ne s'arrête dans les sujets étrangers que comme les abeilles sur les fleurs, pour en tirer ce qui lui est propre. Rien n'est si impétueux que ses désirs, rien de si caché que ses desseins, rien de si habile que ses conduites ; ses souplesses ne se peuvent représenter, ses transformations passent celles des métamorphoses, et ses raffinements ceux de la chimie. On ne peut sonder la profondeur, ni percer les ténèbres de ses abîmes. Là il est à couvert des yeux les plus pénétrants ; il y fait mille insensibles tours et retours. Là il est souvent invisible à lui-même, il y conçoit, il y nourrit, et il y élève, sans le savoir, un grand nombre d'affections et de haines ; il en forme de si monstrueuses que, lorsqu'il les a mises au jour, il les méconnaît, ou il ne peut se résoudre à les avouer. De cette nuit qui le couvre naissent les ridicules persuasions qu'il a de lui-même ; de là viennent ses erreurs, ses ignorances, ses grossièretés et ses niaiseries sur son sujet ; de là vient qu'il croit que ses sentiments sont morts lorsqu'ils ne sont qu'endormis, qu'il s'imagine n'avoir plus envie de courir dès qu'il se repose, et qu'il pense avoir perdu tous les goûts qu'il a rassasiés. Mais cette obscurité épaisse, qui le cache à lui-même, n'empêche pas qu'il ne voie parfaitement ce qui est hors de lui, en quoi il est semblable à nos yeux, qui découvrent tout, et sont aveugles seulement pour eux-mêmes. En effet dans ses plus grands intérêts, et dans ses plus importantes affaires, où la violence de ses souhaits appelle toute son attention, il voit, il sent, il entend, il imagine, il soupçonne, il pénètre, il devine tout ; de sorte qu'on est tenté de croire que chacune de ses passions a une espèce de magie qui lui est propre. Rien n'est si intime et si fort que ses attachements, qu'il essaye de rompre inutilement à la vue des malheurs extrêmes qui le menacent. Cependant il fait quelquefois en peu de temps, et sans aucun effort, ce qu'il n'a pu faire avec tous ceux dont il est capable dans le cours de plusieurs années ; d'où l'on pourrait conclure assez vraisemblablement que c'est par lui-même que ses désirs sont allumés, plutôt que par la beauté et par le mérite de ses objets ; que son goût est le prix qui les relève, et le fard qui les embellit ; que c'est après lui-même qu'il court, et qu'il suit son gré, lorsqu'il suit les choses qui sont à son gré. Il est tous les contraires : il est impérieux et obéissant, sincère et dissimulé, miséricordieux et cruel, timide et audacieux. Il a de différentes inclinations selon la diversité des tempéraments qui le tournent, et le dévouent tantôt à la gloire, tantôt aux richesses, et tantôt aux plaisirs ; il en change selon le changement de nos âges, de nos fortunes et de nos expériences, mais il lui est indifférent d'en avoir plusieurs ou de n'en avoir qu'une, parce qu'il se partage en plusieurs et se ramasse en une quand il le faut, et comme il lui plaît. Il est inconstant, et outre les changements qui viennent des causes étrangères, il y en a une infinité qui naissent de lui, et de son propre fonds ; il est inconstant d'inconstance, de légèreté, d'amour, de nouveauté, de lassitude et de dégoût; il est capricieux, et on le voit quelquefois travailler avec le dernier empressement, et avec des travaux incroyables, à obtenir des choses qui ne lui sont point avantageuses, et qui même lui sont nuisibles, mais qu'il poursuit parce qu'il les veut. Il est bizarre, et met souvent toute son application dans les emplois les plus frivoles; il trouve tout son plaisir dans les plus fades, et conserve toute sa fierté dans les plus méprisables. Il est dans tous les états de la vie, et dans toutes les conditions; il vit partout, et il vit de tout, il vit de rien; il s'accommode des choses, et de leur privation; il passe même dans le parti des gens qui lui font la guerre, il entre dans leurs desseins; et ce qui est admirable, il se hait lui-même avec eux, il conjure sa perte, il travaille même à sa ruine. Enfin il ne se soucie que d'être, et pourvu qu'il soit, il veut bien être son ennemi. Il ne faut donc pas s'étonner s'il se joint quelquefois à la plus rude austérité, et s'il entre si hardiment en société avec elle pour se détruire, parce que, dans le même temps qu'il se ruine en un endroit, il se rétablit en un autre; quand on pense qu'il quitte son plaisir, il ne fait que le suspendre, ou le changer, et lors même qu'il est vaincu et qu'on croit en être défait, on le retrouve qui triomphe dans sa propre défaite.

Jean-Jacques ROUSSEAU (1712-1778)

Julie ou La Nouvelle Héloïse
Lettres de deux amants
habitants d'une petite ville
au pied des Alpes (1761)

(Folio classique n° 2419)

L'œuvre de Jean-Jacques Rousseau est pour une part dédiée à la critique de la vie mondaine. L'un des person-

nages de son roman épistolaire La Nouvelle Héloïse, *Saint-Preux, d'origine modeste, se plaint dans l'une de ses lettres de la solitude qu'il éprouve à Paris, malgré la fréquentation de ce qu'il appelle « la grande société ». Il déplore en particulier la fausseté des comportements et le règne des faux-semblants. Se faisant la voix de Rousseau, il critique, tel un moraliste, ces usages et fait affleurer dans son texte l'idée que cette « grande société » est une scène grossière où se joue une farce entièrement masquée.*

Seconde partie, lettre XIV à Julie

[...] Le Français est naturellement bon, ouvert, hospitalier, bienfaisant ; mais il y a aussi mille manières de parler qu'il ne faut pas prendre à la lettre, mille offres apparentes qui ne sont faites que pour être refusées, mille espèces de pièges que la politesse tend à la bonne foi rustique. Je n'entendis jamais tant dire : « Comptez sur moi dans l'occasion, disposez de mon crédit, de ma bourse, de ma maison, de mon équipage. » Si tout cela était sincère et pris au mot, il n'y aurait pas de peuple moins attaché à la propriété ; la communauté des biens serait ici presque établie : le plus riche offrant sans cesse, et le plus pauvre acceptant toujours, tout se mettrait naturellement de niveau, et Sparte même eût eu des partages moins égaux qu'ils ne seraient à Paris. Au lieu de cela, c'est peut-être la ville du monde où les fortunes sont le plus inégales, et où règnent à la fois la plus somptueuse opulence et la plus déplorable misère. Il n'en faut pas davantage pour comprendre ce que signifient cette apparente commisération qui semble toujours aller au-devant des besoins d'autrui, et cette facile tendresse de cœur qui contracte en un moment des amitiés éternelles. [...]

Mais au fond, que penses-tu qu'on apprenne dans ces conversations si charmantes ? À juger sainement des choses du monde ? à bien user de la société ? à connaître au moins les gens avec qui l'on vit ? Rien de tout cela, ma Julie. On y apprend à plaider avec art la cause du mensonge, à ébranler à force de philosophie tous les principes de la vertu, à colorer de sophismes subtils ses passions et ses préjugés, et à donner à l'erreur un certain tour à la mode selon les maximes du jour. Il n'est point nécessaire de connaître le caractère des gens, mais seulement leurs intérêts, pour deviner à peu près ce qu'ils diront de chaque chose. Quand un homme parle, c'est pour ainsi dire son habit et non pas lui qui a un sentiment; et il en changera sans façon tout aussi souvent que d'état. Donnez-lui tour à tour une longue perruque, un habit d'ordonnance et une croix pectorale, vous l'entendrez successivement prêcher avec le même zèle les lois, le despotisme, et l'inquisition. Il y a une raison commune pour la robe, une autre pour la finance, une autre pour l'épée. Chacun prouve très bien que les deux autres sont mauvaises, conséquence facile à tirer pour les trois. Ainsi nul ne dit jamais ce qu'il pense, mais ce qu'il lui convient de faire penser à autrui; et le zèle apparent de la vérité n'est jamais en eux que le masque de l'intérêt. […]

Ainsi les hommes à qui l'on parle ne sont point ceux avec qui l'on converse; leurs sentiments ne partent point de leur cœur, leurs lumières ne sont point dans leur esprit, leurs discours ne représentent point leurs pensées; on n'aperçoit d'eux que leur figure, et l'on est dans une assemblée à peu près comme devant un tableau mouvant où le spectateur paisible est le seul être mû par lui-même.

Telle est l'idée que je me suis formée de la grande société sur celle que j'ai vue à Paris; cette idée est peut-être plus relative à ma situation particulière qu'au véritable état des choses, et se réformera sans doute sur de nouvelles lumières. D'ailleurs, je ne fréquente que les sociétés où les amis de milord Édouard [*un ami de Saint-Preux*] m'ont introduit, et je suis convaincu qu'il faut descendre dans d'autres états pour connaître les véritables mœurs d'un pays ; car celles des riches sont presque partout les mêmes. Je tâcherai de m'éclaircir mieux dans la suite. En attendant, juge si j'ai raison d'appeler cette foule un désert, et de m'effrayer d'une solitude où je ne trouve qu'une vaine apparence de sentiments et de vérité, qui change à chaque instant et se détruit elle-même, où je n'aperçois que larves et fantômes qui frappent l'œil un moment et disparaissent aussitôt qu'on les veut saisir. Jusques ici j'ai vu beaucoup de masques, quand verrai-je des visages d'hommes ?

Pour prolonger la réflexion

Norbert ELIAS, *La Société de cour* (1969), Paris, Flammarion, « Champs », 1985.

Norbert ELIAS, *La Civilisation des mœurs* (1939), Paris, Calmann-Lévy, « Agora Pocket », 1973.

Jean JACQUOT, « Le théâtre du monde de Shakespeare à Calderón », *Revue de littérature comparée*, XXXI-3, 1957, p. 341-372.

Jean de ROTROU, *Le Véritable Saint Genest* (1646), Paris, Flammarion, « GF », 1999.

Louis VAN DELFT, *La Bruyère ou Du Spectateur*, Paris-Seattle et Tübingen, Biblio 17, *P.F.S.C.L.*, 1996.

Chronologie

La Bruyère et son temps

LA VIE DE LA BRUYÈRE est mal connue. Les hommes de son époque étaient avares en confidences : leurs écrits n'étaient guère dédiés à la révélation de traits intimes et, en outre, il reste peu de documents et de témoignages précis et crédibles le concernant. C'est donc en essayant de comprendre ce que l'on sait de sa carrière d'auteur et de son œuvre (mais sans la considérer comme un texte personnel), qu'on pourra le mieux approcher de l'homme qu'il a été et sans doute mieux comprendre les *Caractères*.

1.

Un début de carrière indécis (1645-1684)

Jean de La Bruyère est né à Paris en 1645 (baptisé le 17 août 1645). Sa famille n'est pas noble. Ce sont des bourgeois qui appartiennent au milieu juridique. On sait peu de chose de sa jeunesse, sinon qu'il acheva à Orléans des études de droit en 1665, après avoir été élève au collège des Oratoriens à Paris.

Quoique ses diplômes lui eussent permis de l'exercer, il ne se consacra pas au métier d'avocat (ou seulement de manière fugace).

Après avoir hérité de son oncle Jean II de La Bruyère, mort en 1671, il mène un certain train de vie puis s'achète l'office de trésorier de France à Caen en novembre 1673. En théorie, il y était chargé de l'administration des impôts. Sous l'Ancien Régime, en effet, les fonctions publiques les moins importantes pouvaient être achetées (tandis que les secrétaires d'État ou les intendants étaient nommés par le roi). Cela lui apporta un revenu et, surtout, un rang de noblesse, puisqu'il devint alors écuyer, qui était toutefois le titre le plus bas de la hiérarchie nobiliaire. Malgré cet office normand, La Bruyère réside à Paris.

Il y entretient des amitiés au long cours avec certains hommes en vue dans le monde des Belles-Lettres, dont Bossuet et Fénelon qu'il a rencontrés par l'entremise d'un groupe de lettrés moins connus (Fleury, Malincour) qu'il fréquente sans doute depuis la fin des années 1670.

1643	Mort de Louis XIII (14 mai) ; Molière fonde l'Illustre-Théâtre.
1645	Rotrou, *Le Véritable Saint Genest.*
1647	Premier opéra joué en France, l'*Orfeo* de Luigi Rossi.
1648-1653	La Fronde (rébellion aristocratique contre le pouvoir royal exercé par Mazarin).
1649	Descartes, *Traité des passions.*
1654	Sacre de Louis XIV (juin).
1656	Pascal, *Les Provinciales.*
1659	Paix des Pyrénées entre la France et l'Espagne, vaincue (novembre).

1660	Mariage de Louis XIV et de Marie-Thérèse.
1661	Louis XIV gouverne seul, avec l'aide de Colbert.
1665	Interdictions de *Tartuffe* et de *Dom Juan* de Molière.
1668	La Fontaine, *Fables* (1668-1691).
1673	Mort de Molière.
1677	Racine, *Phèdre*.
1683	La cour s'installe à Versailles.

2.

Les services de plume (1685-1688)

La Bruyère a été précepteur, secrétaire et biblio-thécaire. Ce sont des services de plume, fonctions exercées par des hommes de lettres ou de jeunes hommes qui ont fait leurs preuves dans le domaine de l'écriture (poétique le plus souvent), sans qu'ils se destinent à poursuivre l'expérience littéraire. Dans le premier cas, il s'agit de se procurer un statut professionnel qui permet de poursuivre parallèlement une carrière dans l'écriture ; dans le second, ce statut professionnel de secrétaire ou de précepteur a été obtenu grâce à la démonstration de compétences. En ce qui concerne La Bruyère, cette fonction n'a été ni valorisante ni gratifiante.

Grâce à l'appui de Bossuet, qu'il a peut-être assisté dans sa préparation de leçons pour le Dauphin et qui voulut l'en remercier, il entre en 1685 au service du prince de Condé (Henri III de Bourbon, 1643-1709), fils du Grand Condé (Louis II de Bourbon, duc d'Enghien puis prince de Condé, 1621-1686) et père du duc de Bourbon (Louis III de Bourbon,

1668-1709). Il est d'abord nommé précepteur du duc de Bourbon, à qui il enseigne l'histoire, la géographie et les institutions françaises. Il l'accompagne dans les lieux où demeure la plus haute noblesse de France, ce qui lui permet de résider à Chantilly, puisque les Condé y vivent, mais aussi à Versailles, où ils possèdent un hôtel particulier. C'est une promotion sociale en même temps qu'un signe de la reconnaissance de ses compétences. Toutefois, La Bruyère n'était pas le seul précepteur du duc de Bourbon. Il partageait cette tâche avec d'autres : il ne bénéficiait donc pas d'une si haute considération qu'on lui eût confié l'intégralité de la formation du jeune homme.

La mort du Grand Condé en 1686 met fin à cette fonction. La Bruyère revend sa charge la même année, puis devient «gentilhomme ordinaire de M. le duc de Bourbon», c'est-à-dire qu'il est à la fois au service du duc de Bourbon et de son père et qu'il officie comme bibliothécaire et secrétaire, au château de Chantilly. Il y a la réputation d'un homme modeste, soucieux à l'extrême d'éviter toute manifestation de pédanterie, au point d'en être maladroit et ridicule, loin de l'image qui semble se dessiner de l'auteur des *Caractères* à travers son ouvrage.

Ses diverses fonctions lui offrent un point de vue exceptionnel sur la « matière » de ses *Caractères*. N'ouvre-t-il pas leur préface ainsi : «Je rends au public ce qu'il m'a prêté ; j'ai emprunté de lui la matière de cet ouvrage.» On sait que c'est sans doute entre 1670 et 1680 que La Bruyère a commencé à rédiger ses *Caractères*. Il a donc attendu au moins huit ans avant de les faire imprimer, et il ne semble pas qu'il les ait donné à lire à des proches ou à quelque grand avant les mois précédant leur publication. On peut donc imaginer que La Bruyère n'avait pas eu, jusqu'alors, l'intention de devenir écrivain. Il se serait contenté de composer des textes à titre privé et, stagnant auprès des Condé, il aurait cherché un autre moyen d'ascension sociale : la publication de ses écrits.

1685   Révocation de l'édit de Nantes (octobre).
1687   Charles Perrault, *Le Siècle de Louis le Grand*; Bouhours, *De la manière de bien penser dans les ouvrages de l'esprit.*
1687-1694   Querelle des Anciens et des Modernes.
1688   Charles Perrault, *Parallèle des Anciens et des Modernes.*

3.

La Bruyère et *Les Caractères* : au cœur de la République des Lettres (1688-1696)

Passée l'impression de modestie qui se dégage à la lecture du titre complet de son livre : *Les Caractères de Théophraste traduits du grec avec les Caractères ou Les Mœurs de ce siècle,* La Bruyère se révèle peu à peu un nouvel homme, au cœur du monde des lettres françaises, de ses querelles et de ses signes de reconnaissance.

1. *La publication des* Caractères *au service de sa carrière*

Il est probable que l'une des motivations de son activité d'écriture a été pour La Bruyère l'obtention d'une situation sociale. Il faut dire que son élève, le duc de Bourbon, ne s'était pas signalé par son intérêt pour les études et que la charge de secrétaire et bibliothécaire pour le duc de Condé n'était sans doute ni stimulante ni valorisante. Ce n'est donc pas de son service de plume qu'il pouvait espérer la reconnaissance de ses compétences. Aussi est-il devenu auteur sur le tard.

Proportionnellement, les *Caractères* de Théophraste représentent une partie de moins en moins significative dans le livre de La Bruyère, puisque le nombre de ses propres remarques croît d'une édition à l'autre. Traduction accompagnée d'une continuation, l'ouvrage de La Bruyère est ensuite devenu l'entreprise inédite d'un moraliste accompagnée d'une traduction des *Caractères* de Théophraste. Le traducteur et suiveur anonyme des *Caractères ou Les Mœurs de ce temps* se dote d'un nom puis d'un véritable statut d'auteur. Ce n'est d'ailleurs qu'à la sixième édition, en 1691, que le nom de La Bruyère apparaît, de manière détournée, dans l'ouvrage :

> Je le déclare nettement, afin que l'on s'y prépare et que personne un jour n'en soit surpris : s'il arrive jamais que quelque grand me trouve digne de ses soins, si je fais enfin une belle fortune, il y a un Geoffroy de la Bruyère, que toutes les chroniques rangent au nombre des plus grands seigneurs de France […] voilà alors de qui je descends en ligne directe (« De quelques usages », 14).

Auparavant, le livre avait été publié sans nom d'auteur explicite (ce qui ne signifie pas qu'on ne l'identifiait pas comme son auteur). C'est, de toute évidence, une preuve de son souci d'être reconnu pour son talent et de faire carrière : il « signe » son livre l'année même où il tente pour la première fois de se faire élire à l'Académie française. Il rend ainsi plus largement publiques ses compétences d'écrivain qui ne se contente pas d'être un traducteur (activité dont la valorisation diminue au regard de celle de créateur).

Il est significatif que le *Discours de réception à l'Académie française*, passage obligé pour tout nouvel académicien, publié d'abord en plaquette en 1693, soit inséré dans la huitième édition des *Caractères*, en 1694. C'est une manière de les doter non seulement d'un nouvel argument de vente, mais aussi d'informer leur vaste public de la promotion obtenue par leur auteur, de donner de ce dernier une image avantageuse et, enfin, d'asseoir son autorité. Il devient alors, en quelque sorte, « Jean de La Bruyère, de l'Académie française ».

2. *La Bruyère au cœur de querelles*

Les Caractères ne pouvaient que s'attirer les foudres de certains : il égratignait le clergé, et les lectures à clés identifiaient (ou lui inventaient) des victimes de ses remarques. Mais, surtout, depuis que Charles Perrault avait lu devant l'Académie son *Siècle de Louis le Grand* où il comparait l'Antiquité au présent, à l'avantage de ce dernier, le milieu des Belles-Lettres était agité par une querelle entre partisans des Modernes et partisans des Anciens, dont faisait partie La Bruyère.

Or, dans *Les Caractères*, il s'attaque à des défenseurs du parti moderne, dont Fontenelle (« De la société et de la conversation », 75). Ainsi, *Les Caractères* sont comme une tribune pour leur auteur : le *Mercure galant*, par exemple, journal littéraire et diplomatique qui l'a critiqué, se situe, dit-il, « immédiatement au-dessous de rien » (« Des ouvrages de l'esprit », 46). Les différentes éditions du livre témoignent de l'actualité de leur auteur, selon qu'il s'engage dans une querelle publique ou qu'il affirme incidemment certaines de ses positions idéologiques.

La Bruyère échoue en 1691 à entrer à l'Académie française, à cause de son appartenance au parti des Anciens. C'est un signe de son poids grandissant parmi les hommes de lettres, puisqu'il semble qu'on se soit méfié de lui et de ses prises de position. Quand il y est élu en 1693, avec le soutien de Racine et de Bossuet, La Bruyère s'attaque frontalement dans son discours d'intronisation à Pierre Corneille, dont le frère et le neveu, Fontenelle, font partie de l'assemblée. Selon lui, Corneille n'aurait eu aucun avenir, aucune postérité. Thomas Corneille répond dans le *Mercure galant* :

> L'ouvrage de M. de la Bruyère ne peut être appelé livre que parce qu'il a une couverture et qu'il est relié comme les autres livres… Il n'y a pas lieu de croire qu'un pareil recueil, qui choque les bonnes mœurs, ait fait obtenir à M. de la Bruyère la place qu'il a dans l'Académie.

La Bruyère et son ouvrage se retrouvent donc au cœur de la querelle des Anciens et des Modernes. Grâce au succès des *Caractères*, leur auteur s'est fait une place importante dans le champ littéraire, plus importante et valorisante que celle qu'il avait obtenue auprès des Condé.

En somme, l'existence de La Bruyère est marquée par une ascension sociale lente et contrariée, assurée par la publication de son livre, et qui l'a mené de l'ombre à la lumière : l'achat d'une charge lui a permis d'obtenir un titre de petite noblesse ; cela a facilité, autant que son statut d'avocat (donc d'orateur), son entrée chez les Condé ; il a pu y observer la matière de son œuvre ; celle-ci a rendu possible, à terme, son élection à l'Académie française et l'a placé au cœur de querelles d'importance. La Bruyère est un écrivain qui se révèle tard.

1690 Furetière, *Dictionnaire universel*.
1691 Charles Perrault, *Contes* (1691-1695).
1694 *Dictionnaire de l'Académie française*; naissance de Voltaire.
1695 Création de la capitation, premier impôt qui touche les privilégiés.
1693-1695 Grave pénurie alimentaire en France.
1693-1699 Fénelon, *Les Aventures de Télémaque*.

Pour prolonger la réflexion :

Alain VIALA, *Naissance de l'écrivain. Sociologie de la littérature à l'âge classique*, Paris, Minuit, « Le Sens commun », 1985.

La Querelle des Anciens et des Modernes. XVIIᵉ-XVIIIᵉ siècles, éd. Anne-Marie Lecoq, Paris, Gallimard, « Folio classique », 2001.

Georges MONGRÉDIEN, *La Bruyère. Recueil des textes et des documents contemporains*, Paris, CNRS, 1979.

Éléments pour une
fiche de lecture

ON TROUVERA ICI des pistes pour prolonger la réflexion sur *Les Caractères* et approfondir certaines des questions que l'ouvrage soulève. Les différentes sections et questions proposées permettent la mise au point d'une fiche de lecture. Les activités suggérées sont l'occasion d'aborder certains aspects du style percutant de l'auteur et, à un autre niveau d'analyse, certaines formes typiques de remarques et leurs effets propres ; ensuite, on s'intéressera à la manière qu'a La Bruyère de mettre les personnages en scène ; enfin, on s'arrêtera sur ce qui constitue la cible de La Bruyère, la sémiotique mondaine, c'est-à-dire l'usage particulier qui se fait des signes (verbaux, gestuels, etc.) dans l'univers mondain.

Regarder le tableau

- Si vous jetez un simple coup d'œil sur la toile, qu'est-ce qui attire votre regard ?
- Isolez par le regard des parties du corps de ce gentilhomme (le visage, les mains, le cou…) : quelles sont vos impressions ?
- Tentez de classer ce que vous voyez selon que vous

portez votre attention sur ces jeux d'oppositions :
nature et culture; couleurs chaudes et couleurs
froides; ombre et lumière. Commentez les résul-
tats que vous obtenez.
- Diriez-vous de ce portrait qu'il traduit une affectation ? Pourquoi ?

Comprendre les effets du style. Le sens du raccourci

- Relevez dans les deux chapitres :
  - — des mots à double sens;
  - — en fin de remarques, surtout, des effets de
    pointe (paradoxes, contrastes marqués, chutes
    inattendues) ;
  - — des sous-entendus;
  - — diverses formes d'ellipses.
- Expliquez le mécanisme de chacun des procédés
  employés par La Bruyère, puis décrivez les effets
  recherchés.

Les types de remarques et leurs fonctions

- En vous fondant par exemple sur les remarques
  suivantes :
  a) « De la cour », 8, 70, et « Des grands », 9, 35 ;
  b) « De la cour », 50, et « Des grands », 15, 50 ;
  c) « De la cour », 31, et « Des grands », 13,

et sans vous restreindre aux remarques évoquées ci-
dessus, quels sont les effets propres aux remarques
(a) ? Justifiez votre réponse en vous appuyant sur
une description des procédés mis en œuvre par
La Bruyère dans chacune d'entre elles.
- À propos de la remarque 50 du chapitre « Des

grands », commentez les emplois suivants : « Pamphile », « un Pamphile », « les Pamphiles ». Que se passe-t-il ? Interprétez ces changements.

- Comment se manifeste le *je* et quels sont les effets sur la lecture de sa présence dans les remarques (c) ?
- Nommez et proposez une définition pour chacun de ces différents types de remarques.

Des personnages en mouvement

- Relevez dans les deux chapitres des répétitions, des accumulations, des parallélismes, des gradations. Quel est l'effet recherché par La Bruyère ?
- Observez, par exemple dans les remarques 15, 42 et 61 du chapitre « De la cour », la longueur des phrases et le nombre de verbes conjugués. Quel est l'effet recherché par La Bruyère ?
- Quel est le temps verbal employé le plus couramment par La Bruyère ? Pourquoi y recourt-il de manière aussi majoritaire ? Quels effets cherche-t-il ainsi à produire ?
- Quel est l'intérêt pour La Bruyère de présenter ses personnages en action ? En quoi cela sert-il la critique qu'il opère ?

La *sémiotique* mondaine : les signes en question

- Relevez dans « De la cour » et « Des grands » des métaphores renvoyant au théâtre.
- Quel problème soulève la remarque 83 du chapitre « De la cour » ?
- Les remarques 18 du chapitre « De la cour » et 27

du chapitre « Des grands » ont une expression en commun. Laquelle ? À quoi renvoie-t-elle ?

- Reliez cette expression au souci qui anime certains personnages des remarques 16, 20, 82 et 96 du chapitre « De la cour » et 6, 13 et 22 du chapitre « Des grands ». Quel problème La Bruyère essaie-t-il de mettre en évidence ?

Collège

La Bible (textes choisis) (49)

Fabliaux (textes choisis) (37)

CHRÉTIEN DE TROYES, *Le Chevalier au Lion* (2)

COLETTE, *Dialogues de bêtes* (36)

CORNEILLE, *Le Cid* (13)

Gustave FLAUBERT, *Trois Contes* (6)

HOMÈRE, *Odyssée* (18)

Victor HUGO, *Claude Gueux* suivi de *La Chute* (15)

Joseph KESSEL, *Le Lion* (30)

Jean de LA FONTAINE, *Fables* (34)

Gaston LEROUX, *Le Mystère de la chambre jaune* (4)

Guy de MAUPASSANT, *12 contes réalistes* (42)

MOLIÈRE, *L'Avare* (41)

MOLIÈRE, *Le Médecin malgré lui* (20)

MOLIÈRE, *Les Fourberies de Scapin* (3)

Charles PERRAULT, *Contes* (9)

Jacques PRÉVERT, *Paroles* (29)

John STEINBECK, *Des souris et des hommes* (47)

Michel TOURNIER, *Vendredi ou La Vie sauvage* (44)

Fred UHLMAN, *L'Ami retrouvé* (50)

Jules VALLÈS, *L'Enfant* (12)

Paul VERLAINE, *Fêtes galantes* (38)

Jules VERNE, *Le Tour du monde en 80 jours* (32)

Oscar WILDE, *Le Fantôme de Canterville* (22)

Lycée

La poésie baroque (anthologie) (14)

Le sonnet (anthologie) (46)

Honoré de BALZAC, *La Peau de chagrin* (11)

Charles BAUDELAIRE, *Les Fleurs du Mal* (17)

Albert CAMUS, *L'Étranger* (40)

Albert COHEN, *Le Livre de ma mère* (45)

Marguerite DURAS, *Un barrage contre le Pacifique* (51)

Gustave FLAUBERT, *Madame Bovary* (33)

Sébastien JAPRISOT, *Un long dimanche de fiançailles* (27)

Charles JULIET, *Lambeaux* (48)

Pierre Choderlos de LACLOS, *Les Liaisons dangereuses* (5)

Jean de LA BRUYÈRE, *Les Caractères* (24)

Madame de LAFAYETTE, *La Princesse de Clèves* (39)

MARIVAUX, *L'Île des Esclaves* (19)

Guy de MAUPASSANT, *Le Horla* (1)

Guy de MAUPASSANT, *Pierre et Jean* (43)

MOLIÈRE, *L'École des femmes* (25)

MOLIÈRE, *Le Tartuffe* (35)

Alfred de MUSSET, *Lorenzaccio* (8)

OVIDE, *Les Métamorphoses* (55)

François RABELAIS, *Gargantua* (21)

Jean RACINE, *Andromaque* (10)

Jean RACINE, *Britannicus* (23)

Nathalie SARRAUTE, *Enfance* (28)

VOLTAIRE, *Candide* (7)